기와 명상수련

기와 명상수련

발행일   2026년 3월 15일

지은이   류덕렬
펴낸이   손형국
펴낸곳   (주)북랩

출판등록   2004. 12. 1(제2012-000051호)
주소   서울특별시 금천구 가산디지털 1로 168, 우림라이온스밸리 B동 B111호, B113~115호
홈페이지   www.book.co.kr
전화번호   (02)2026-5777   팩스   (02)3159-9637

ISBN   979-11-7598-139-3 03190 (종이책)   979-11-7598-140-9 05190 (전자책)

작가 연락처 문의 ▸ ask.book.co.kr

전용 게시판에 문의를 남기시면 저자에게 직접 전달됩니다.

(주)북랩 성공출판의 파트너

북랩 홈페이지와 SNS에서 다양한 출판 솔루션을 만나 보세요!

홈페이지 book.co.kr   •   **블로그** blog.naver.com/essaybook   •   **출판문의** text@book.co.kr
카톡채널 북랩

삽화를 따라 누구나 쉽게 배우는
몸과 마음의 통합 수련 안내서

기와 명상수련

류덕렬 지음

북랩

이 책은 인간이 스스로의 생명 근원을 되찾고, 몸과 마음의 본래 조화를 회복하는 길을 안내하기 위해 쓰였습니다.

그 길의 핵심은 '기(氣)'와 '명상(冥想)'에 있습니다.

'기'는 눈에 보이지 않지만, 모든 생명과 우주의 움직임을 지탱하는 보이지 않는 숨결입니다. '명상'은 그 숨결을 느끼고, 그 흐름 속에서 자신의 본성을 깨닫는 마음의 작용입니다.

기와 명상은 둘이 아니라 하나입니다. 몸이 안정되어야 마음이 고요해지고, 마음이 고요해야 기의 흐름이 원만해집니다.

이 책은 그 둘을 함께 닦는 '성명쌍수(性命雙修)'의 길을 현대적으로 되살리고자 합니다.

삶의 중심을 다시 세우는 길

오늘날 우리는 빠른 정보와 경쟁, 그리고 끊임없는 자극 속에서 점점 더 많은 것을 알고 있지만, 정작 '나 자신'은 점점 더 잃어가고 있습니다.

머리는 팽창하지만, 가슴은 메말라가고, 몸은 편리함 속에 굳어가고 있습니다.

그러나 진정한 지혜는 멀리 있지 않습니다.

숨 한 번 고르게 쉬는 일, 자신의 몸을 부드럽게 느끼는 일, 한 순간의 생각을 알아차리는 그 순간, 그 단순한 자각이 바로 수행의 시작입니다.

기수련은 몸을 닦는 길입니다.

명상수련은 마음을 닦는 길입니다.

몸과 마음은 두 개의 길처럼 보이지만, 결국 한 길로 이어집니다.

이 둘이 서로 만나야 진정한 변화가 일어납니다.

동양의 지혜, 현대의 언어로

이 책은 고대 선도(仙道)와 불도(佛道)의 수련 원리를 현대의 과학적 이해와 심리학적 통찰 속에서 새롭게 해석하였습니다.

선도의 호흡법과 기수련은 몸에서 시작해 마음으로 들어가며, 궁극적으로는 인간과 자연이 하나가 되는 '천인합일(天人合一)'을 추구합니다.

불교의 사마타·위빠사나 명상은 마음에서 시작해 몸으로 들어가며, 마음의 깨달음을 통해 몸의 조화를 실현하는 수행체계입니다.

그리고, 그 모든 것을 아우르는 성명쌍수의 사상은 결국 '인간 완성'이라는 한 방향을 향해 있습니다.

각 장은 그 길을 단계적으로 보여줍니다

1장에서는 몸과 마음의 구조, 호흡과 의식의 연결을 이해하고,
2장에서는 선도의 기수련과 단전호흡을 익히며,
3장에서는 불교 명상의 마음공부를 배우고,
4장에서는 기와 명상의 통합인 성명쌍수를 논하며,
5장에서는 실제 수행자가 매일 실천할 수 있는 구체적인 '몸, 호흡, 마음의 통합 수련 절차'를 제시합니다.

부록에서는 국선도의 정통 기법, 불교원전의 출입식경과 대념처경의 명상법, 그리고 숙면과 이완을 돕는 몸스캔 명상까지 현대인이 바로 실천할 수 있는 다양한 지침을 수록했습니다.

수행의 방향, 삶의 향기

이 책이 추구하는 목표는 단순한 건강이나 평온이 아닙니다. 그 것은 '삶의 깨어남'입니다.

몸이 깨어나면 마음이 맑아지고, 마음이 맑아지면 세상이 달라집니다. 결국 수행의 길은 세상과 멀어지는 길이 아니라, 세상 속에서 자신을 잃지 않는 법을 배우는 길입니다.

오늘의 수련은 내일의 삶을 바꿉니다.

한 호흡, 한 동작, 한 생각 속에 하늘의 이치와 인간의 길이 함께 깃들어 있습니다.

이 책이 그 길 위에 선 모든 이들에게 조용한 불빛이 되어주기를 바랍니다.

당신의 하루의 수련이 곧 당신의 인생 수행이 될 것입니다.

2026년 2월
북한산 아래 우거에서

4장 / 성명쌍수: 기와 명상의 통합

5장 / 통합 실전 수련법: 기와 명상의 완성

1장

몸과 마음을 아는
지혜

1.
몸과 마음의 길
: 기수련과 명상수련

몸과 마음, 두 길이 하나로 이어지다

인간은 몸(命)과 마음(性)이라는 두 축으로 존재합니다. 몸은 땅의 기운을 받아 생명을 유지하는 기반이며, 마음은 하늘의 빛을 받아 스스로를 성찰하게 하는 창입니다.

몸이 병들면 마음이 흔들리고, 마음이 흐트러지면 몸이 무너집니다. 이 둘은 결코 분리될 수 없습니다. 그럼에도 불구하고 현대문명은 이 둘을 따로 다루어 왔습니다. 병이 생기면 의학에 의지하고, 불안이 생기면 심리학을 찾습니다.

그러나 몸과 마음은 하나의 생명 안에서 서로를 비추는 거울입니다. 따라서 진정한 회복과 성숙은 몸과 마음의 통합적 수련에서 비롯됩니다.

고대 동양의 지혜에서는 이러한 통합의 길을 '성명쌍수(性命雙修)'라 불렀습니다. 이는 '몸의 생명력(命)'과 '마음의 본성(性)'을 함께 닦는다는 뜻으로, 한쪽으로 기울지 않고 두 바퀴로 굴러가는 수행의 완성형을 뜻합니다.

기(氣)의 길 — 몸을 닦는 수련

'기(氣)'란 생명 에너지입니다. 눈에 보이지 않지만, 우리 몸의 구석구석을 돌며 생명을 살리는 힘이지요.

고요히 앉아 숨을 따라가다 보면, 어느 순간 '몸 안에서 흐르는 따뜻한 바람' 같은 느낌이 있습니다.

그것이 바로 기의 흐름입니다.

기의 순환은 단전(丹田)을 중심으로 이루어집니다.

하단전은 배꼽 아래 세 치(寸) 안쪽의 복부 한가운데에 위치한 곳으로 몸의 에너지 중심이자 생명 불씨가 깃든 자리입니다.

이곳에 기를 모으고 단련하는 것을 '단전수련'이라 합니다.

국선도나 도가의 전통에서는 이를 통해 '수승화강(水昇火降)'의 조화를 이루려 합니다. 심장의 불기운(火)은 아래로 내리고, 신장의 물기운(水)은 위로 올려, 머리는 시원하고 배는 따뜻한 상태를 유지하게 됩니다.

이것이 곧 몸의 균형, 마음의 안정, 기혈 순환의 기본 조건입니다.

명상의 길—마음을 닦는 수련

명상은 마음의 흐름을 다스리는 수련입니다. 수많은 생각이 일고 사라지는 그 자리에 '멈춤'을 두는 것이 명상의 첫걸음입니다.

불교에서는 이를 '사마타(Samatha, 집중명상)'와 '위빠사나(Vipassanā, 통찰명상)'로 나누어 설명합니다.

사마타는 산란한 마음을 한곳에 모아 고요하게 하는 수행이며, 위빠사나는 고요해진 마음으로 일어나는 모든 현상을 있는 그대로 비추는 수행입니다.

집중과 통찰이 함께 이루어질 때, 마음은 비로소 본래의 맑은 거울로 돌아옵니다.

명상은 결코 형이상학적인 일이 아닙니다. 숨을 느끼고, 몸의 감각을 알아차리며, 한순간의 생각을 붙잡지 않는 연습입니다.

이 간단한 행위 속에서 우리는 마음의 근본을 보게 됩니다.

호흡—몸과 마음을 잇는 다리

호흡은 몸과 마음을 연결하는 유일한 통로입니다.

숨은 몸에서 일어나지만, 그 리듬은 마음의 상태에 따라 달라집니다. 불안할 때 숨은 짧고 거칠어지고, 평온할 때 숨은 길고 고릅니다.

기수련의 호흡은 단전에 중심을 두어, 숨을 들이쉴 때 아랫배가 부드럽게 부풀고, 내쉴 때는 자연스럽게 가라앉게 합니다.

이 과정에서 호흡은 단순한 생리적 작용을 넘어, '기의 순환'과 '마음의 안정'을 동시에 이루는 다리가 됩니다.

불교의 출입식경(出入息經)에서는 '들숨과 날숨을 온전히 알아차리는 것'을 모든 수행의 첫 번째 단계로 강조합니다. 그 한 호흡 속에서 몸과 마음이 하나가 되는 것입니다.

현대인의 삶 속에서의 실천

현대인은 복잡한 환경 속에서 몸과 마음을 동시에 소모합니다. 스마트폰의 진동이 우리의 집중을 흔들고, 끊임없는 정보의 흐름이 내면의 고요를 빼앗아 갑니다.

그러나 수련은 먼 산속이 아니라, 바로 일상 속에서도 가능합니다. 아침에 눈을 뜰 때 단 한 번의 깊은 숨을 들이마시고 내쉬는 일, 걷는 동안 발바닥의 감촉을 느끼는 일, 식사할 때 한 숟가락을 온전히 음미하는 일. 이 모든 것이 명상이며 기수련의 일부가 됩니다.

"몸을 느끼며 호흡하고, 호흡 속에서 마음을 들여다보는 것."
그것이 바로 성명쌍수의 첫걸음입니다.

맺음말

기수련과 명상수련은 다르지만, 궁극은 같습니다. 기수련이 몸을 통해 에너지를 다스리는 길이라면, 명상수련은 마음을 통해 의식을 맑게 하는 길입니다. 그리고 두 길은 하나의 호흡 안에서 만납니다. 들숨은 기를 불러들이고, 날숨은 마음을 가라앉힙니다.

하단전이 중심을 잡고 의식이 고요해질 때, 비로소 '몸과 마음이 하나 되는 체험'이 일어납니다.

그때 몸은 무겁지 않고, 마음은 가볍습니다.

그때 숨은 얕지 않고, 흐름은 끊어지지 않습니다.

그때 사람은 외부에 흔들리지 않고, 자기 중심 안에서 고요히 빛납니다.

이것이 바로 성명쌍수의 문을 여는 순간이며, 이 책이 안내하고자 하는 '몸과 마음의 길'의 출발점입니다.

2.
호흡과 의식
: 몸과 마음을 잇는 다리

숨은 생명의 첫 울림

사람은 태어날 때 첫 숨을 들이쉬며 세상에 오고, 마지막 숨을 내쉬며 세상을 떠납니다. 숨은 생명 그 자체이며, 몸과 마음을 이어주는 유일한 다리입니다.

우리는 하루에 약 2만 번의 숨을 쉽니다. 그러나 대부분의 사람은 그 숨을 '의식하지' 못합니다. 그저 자동적으로 이루어지는 생리 작용이라 여기기 때문입니다.

하지만 수행의 세계에서는 숨은 단순한 공기의 흐름이 아니라, 생명의 흐름, 의식의 흐름입니다.

숨을 알아차리는 순간, 우리는 단순히 '사는 존재'에서 '살고 있음을 아는 존재'로 깨어납니다. 이 작은 변화가 수행의 시작입니다.

호흡의 세 층—생리적, 정서적, 영적 호흡

호흡에는 세 가지 층이 있습니다.
첫째는 생리적 호흡, 즉 몸의 생존을 위한 숨입니다.
둘째는 정서적 호흡, 감정의 흐름에 따라 변하는 숨입니다.
셋째는 영적 호흡, 의식의 깊이에 따라 달라지는 내면의 숨입니다.

예를 들어, 분노할 때 숨은 거칠어지고, 슬플 때 숨은 가늘고, 사랑하거나 감사할 때 숨은 부드럽습니다.
숨은 마음의 언어입니다. 따라서, 숨을 다스린다는 것은 곧 마음을 다스리는 일입니다.

고요히 앉아 숨을 깊이 들이쉬고 내쉴 때, 그 호흡은 단순한 산소 교환이 아니라 의식의 정화이며 마음의 세탁이 됩니다.

단전호흡—몸의 중심에 머무는 숨

하단전(下丹田)은 몸의 중심이며, 기가 머무는 근원입니다.
숨을 들이쉴 때 그 중심으로 기운을 모으고, 내쉴 때는 전신으로 부드럽게 퍼뜨립니다. 이때 호흡은 가슴이 아니라 배에서 이루어져야 합니다. 배꼽 아래가 자연스럽게 부풀고, 내쉴 때는 천천히 가라앉습니다. 이것이 단전호흡, 즉 복식호흡의 본질입니다.

현대 생리학적으로도 복식호흡은 부교감신경을 활성화시켜 심박을 안정시키고, 스트레스를 완화시키는 효과가 있습니다. 그러나 수행의 차원에서 단전호흡은 단순한 건강법을 넘어 '기(氣)의 순환을 통한 의식의 정화'라는 더 깊은 의미를 지닙니다.

하단전은 마치 생명의 저수지와 같아서, 여기에 기가 가득 차면 몸이 따뜻해지고, 의식이 밝아집니다. 수행자는 이 단전의 따뜻함 속에서 몸과 마음이 하나로 녹아드는 경험을 하게 됩니다.

호흡과 의식의 상호작용

숨은 몸에서 시작되지만, 그 리듬을 결정하는 것은 마음입니다. 불안하면 숨이 가빠지고, 안정되면 숨은 길고 부드러워집니다. 반대로 숨을 길게 고르게 하면, 마음 또한 고요해집니다.

이것이 바로 호흡과 의식의 상호작용입니다. 호흡을 통해 마음을 다스리고, 마음을 통해 호흡을 깊게 하는 상호순환의 구조로 되어 있습니다.

불교의 '출입식경(出入息經)'에서는 '숨을 들이쉬는 것을 알고, 숨을 내쉬는 것을 알라'라고 설합니다. 이 '앎'이 바로 의식의 빛입니다. 숨을 느끼고 있는 나를 알아차리는 순간, 그 자리에 '마음의 주인'이 서게 됩니다.

호흡의 깊이에 따라 달라지는 의식의 상태

호흡이 얕을 때는 생각이 빠르게 일어나고, 의식은 쉽게 분산됩니다. 반대로 호흡이 깊어지면 감정은 점차 잠잠해지고, 의식은 한 곳으로 모이기 시작합니다.

호흡이 매우 고요해지면 의식은 자연스럽게 한 점으로 수렴하며, 분별과 집착이 옅어지는 '무심(無心)'의 상태에 가까워집니다.

이 단계에서 수행자는 기(氣)의 미세한 움직임을 느끼기 시작합니다. 숨을 의도적으로 들이쉬거나 내쉬는 것이 아니라, 몸 안에서 숨이 스스로 드나드는 듯한 감각이 나타납니다.

이는 호흡을 넘어 생명 에너지의 흐름을 직접 체험하기 시작했음을 뜻합니다.

이때부터 호흡은 더 이상 인위적으로 조절하는 행위가 아닙니다. 몸과 마음이 하나로 정돈되면서, 호흡은 자연스러운 생명의 순환으로 이루어집니다.

맺음말

수련은 하루아침에 완성되지 않습니다. 하지만 하루 한 번, 단 10분이라도 자신의 숨을 온전히 바라보는 시간을 가지면 그 삶은 조금씩 달라집니다.

출근길의 차 안에서도, 잠들기 전의 고요한 시간에도, 한 호흡의 온전한 자각은 마음을 지금 이 순간으로 되돌려 놓습니다.

이것이 바로 '하루의 수행이 곧 하루의 삶'이라는 뜻입니다. 호흡을 바로잡는 것은 단순한 생리 조절이 아니라, 삶의 중심을 바로 세우는 일입니다.

3.
기의 개념과
현대 과학

기(氣)의 전통적 이해—생명을 움직이는 보이지 않는 실재

'기(氣)'라는 말은 동양 사상의 근원적인 핵심어입니다.

한자의 모양을 보면, 윗부분은 '증기(气)', 아랫부분은 '쌀(米)'의 의미로 '밥 기운'을 뜻합니다. 즉, 눈에 보이지 않지만 실재하는 에너지, 형체는 없으나 움직임으로 드러나는 생명력이라는 뜻입니다.

《황제내경(黃帝內經)》에서는 "기가 통하면 아프지 않고, 기가 막히면 아프다(氣行則不病, 氣滯則病)"라 하여, 건강의 기준을 '기'의 흐름에 두었습니다.

노자는 "이름이 없는 것이 천지의 시작(無名天地之始)"라 하여, 이 우주의 근원적인 작용을 '도(道)'라 불렀고, 그 도가 구체적인 작용으로 나타난 것이 바로 '기'입니다.

즉, 기는 우주의 숨결이며, 인간의 생명 그 자체입니다. 동양의학, 선도, 불교, 유학, 도교 등 모든 사상과 수행 체계에서 기의 개념은 중심에 놓여 있습니다. 그들은 "생명은 기의 조화로운 순환이며, 죽음은 기의 흩어짐"으로 이해했습니다.

기의 생리학적 대응—에너지와 생체전기

현대 과학은 '기'라는 개념을 직접 측정하기 어렵지만, 그와 유사한 생리적 현상들을 다양한 방식으로 탐구하고 있습니다.

인체는 약 60조 개의 세포로 이루어져 있으며, 모든 세포는 미세한 전기적 전위 차이를 가지고 있습니다. 심장의 맥박은 전기적 신호로 조절되고, 신경의 전달은 미세한 전류 흐름으로 이루어집니다.

이러한 생체전기 활동은 에너지 교류의 그물망을 이루며, 그 흐름이 막히면 통증이나 기능 저하가 발생합니다. 이것은 한의학에서 말하는 '기체(氣滯)'의 상태와 대응됩니다.

더 나아가, 기수련 중에는 체온 변화, 뇌파의 안정화, 피부 전도율의 감소 등 객관적인 생리 변화가 관찰됩니다. 즉, '기'는 단순한 신비적 개념이 아니라 생명 에너지의 전기적·화학적 표현으로 해석할 수 있습니다.

기의 심리적 현상—의식과 감각의 교차

기수련을 일정 기간 지속하면, 몸의 미세한 변화와 감각을 섬세하게 인식하게 됩니다. 이는 '기감(氣感)'이라 불리며, 따뜻함, 시원함, 전류 흐름 같은 미묘한 감촉으로 느껴집니다.

이러한 감각은 단순한 착각이 아니라, 의식이 몸의 에너지 흐름에 집중적으로 맞춰지는 과정에서 나타나는 현상입니다. 심리학적으로 보면, 이는 내감각(interoception), 즉 몸 내부의 감각을 알아차리는 능력의 강화입니다.

불교 명상에서는 이를 '몸의 알아차림(身念處)'이라 부르며, "몸을 관찰하면 마음이 고요해진다"는 원리를 강조합니다. 결국, 기를 느낀다는 것은 '몸의 감각'과 '마음의 의식'이 하나로 합쳐지는 순간을 뜻합니다.

과학적 연구 동향—기공과 뇌파, 자율신경, 면역반응

최근 수십 년간, 동양의 기공·단전호흡·명상 등이 서양의학과 뇌과학의 연구 주제로 활발히 다루어지고 있습니다.

미국 하버드 의대의 허버트 벤슨(Herbert Benson)은 '이완 반응(Relaxation Response)'이라는 개념을 제시하며, 복식호흡과 명상이 자율신경계를 안정시키고 혈압·심박·코르티솔(스트레스 호르몬)을 감소시킨다는 것을 증명했습니다.

일본과 한국의 연구에서도, 기수련 시 뇌파가 주파수가 빠른 베타파(β)에서 느린 알파(α)파 및 세타(θ)파로 전환되며, 심박변이도(HRV)가 향상되고, 면역세포 활성도가 증가하는 결과가 보고되었습니다.

이러한 생리적 지표는 '기의 운행이 곧 생명 에너지의 균형 조절'임을 과학적으로 뒷받침합니다. 즉, 기수련을 통해 신체는 '자가조절(homeostasis)'의 능력을 강화하고, 그 결과 심신이 조화된 상태에 들어가게 됩니다.

현대적 재해석—기는 '의식화된 생명 에너지'

현대의 관점에서 본다면, '기'는 단순한 물질적 에너지(에탄올, ATP 등)가 아닙니다. 그것은 의식이 깨어 있는 생명 에너지입니다.
기란, 에너지가 마음의 방향성을 얻은 상태입니다.

이때 기의 흐름은 의식의 집중 방향에 따라 달라집니다. 그래서 수행자는 "마음이 있는 곳에 기가 간다(意到氣到)"고 말합니다. 집중이 깊어질수록, 기의 흐름은 세밀하고 고요해집니다.

이것은 물리적 실체의 문제라기보다 '의식과 에너지의 관계'라는 새로운 과학적 탐구의 장을 엽니다. 양자물리학의 관점에서도, 관찰자의 의식이 입자의 상태를 결정한다는 '관찰자 효과'는 동양의 '기의 유도' 개념과 통하는 측면이 있습니다.

기수련의 과학적 효과 — 몸·마음·뇌의 통합 조절

다수의 연구 결과에 따르면, 단전호흡·기공·명상 수련은 다음과 같은 변화를 가져옵니다.

(1) 신체적 효과
근육 긴장 완화, 혈액순환 개선, 면역력 강화, 자율신경 균형 회복

(2) 심리적 효과
불안·우울·분노의 감소, 정서 안정, 자기통제력 향상

(3) 뇌의 변화
전두엽 활동 증가, 편도체 반응 감소, 해마의 두께 증가 등

이 모든 변화는 '기의 순환'이라는 표현으로 요약될 수 있습니다. 즉, 기는 단순히 호흡에 따라 움직이는 공기가 아니라, 생명 전체를 관통하는 자기조절의 힘입니다.

맺음말

'기'는 과학이 완전히 해석하지 못한 영역입니다. 그러나 과학의 눈으로 그 일부가 밝혀질수록, 동양의 오래된 지혜는 오히려 더 설득력을 얻게 됩니다.

'기'는 인간의 몸과 마음, 자연과 우주를 하나로 잇는 끈이며, 그 흐름을 따라가면 생명의 근원을 만날 수 있습니다. 결국, 기를 다스린다는 것은 삶 전체를 조화시키는 길을 걷는 것입니다.

즉, 기란 하늘과 땅의 숨결이요, 인간의 생명의 근원입니다. 기를 알고 기를 다스릴 줄 알면, 몸은 청정해지고 마음은 밝아집니다.

4.
명상의 개념과
현대 심리학

명상의 본뜻—마음을 비추는 거울

명상(冥想)은 어둠 속에서도 빛을 보는 일입니다. '冥'은 고요하고 깊은 상태를, '想'은 생각과 마음의 작용을 뜻합니다. 즉, 명상이란 생각을 없애는 것이 아니라, 생각을 비추어 보는 행위입니다.

우리는 매 순간 수많은 생각과 감정의 파도 속에 살아갑니다. 기쁨, 분노, 불안, 두려움은 끊임없이 마음의 수면을 흔듭니다. 명상은 그 파도를 멈추려 하지 않고, 그 파도를 있는 그대로 바라보는 법을 배우는 것입니다.

불교에서는 이를 '관(觀)'이라 하며, 《유마경》에서는 "마음이 청정하면 세계가 청정하다"고 했습니다.
결론적으로 명상은 외부를 바꾸는 수련이 아니라, 마음을 다스려 세계를 새롭게 보는 수행입니다.

불교의 명상 전통—사마타와 위빠사나

불교 명상의 전통은 크게 두 갈래로 나뉩니다.

하나는 마음을 한곳에 모아 고요히 머무는 '사마타(奢摩他, Samatha)'요, 다른 하나는 고요 속에서 모든 현상을 있는 그대로 꿰뚫어보는 '위빠사나(毘鉢舍那, Vipassanā)'입니다.

사마타는 '집중명상'입니다.

호흡이나 촛불, 소리, 한 생각에 마음을 모아 흔들림 없는 평정 (平靜)에 이르는 수행입니다. 이 과정에서 분산된 에너지가 한 점으로 모이면서, 잡념은 자연히 사라지고 마음은 투명해집니다.

위빠사나는 '통찰명상'입니다.

고요해진 마음으로 몸의 감각·감정·생각을 관찰하며, 그것들이 생기고 사라지는 무상(無常)의 흐름을 체험합니다. 이때 수행자는 '나'라고 믿었던 것이 사실은 끊임없이 변하는 감각과 의식의 연속임을 깨닫게 됩니다.

즉, 사마타는 마음의 고요를 닦는 길이고, 위빠사나는 그 고요 속에서 진리를 깨닫는 길입니다.

둘은 따로가 아니라 함께 움직입니다. 고요가 없으면 통찰은 산란하고, 통찰이 없으면 고요는 머물지 못합니다.

명상의 심리적 작용—주의, 감정, 자기인식의 변화

명상은 마음을 '멈추는 행위'가 아니라 '돌아보는 행위'입니다.
심리학적으로 보면, 명상은 세 가지 핵심 기능을 강화합니다.

(1) 주의 집중력(Attention Control)

명상 중에는 한 대상(호흡, 감각, 마음의 움직임)에 집중합니다. 이는
전전두엽(prefrontal cortex)의 기능을 강화시켜 산만한 주의를 안정
시키고 몰입을 향상시킵니다.

(2) 감정 조절(Emotion Regulation)

감정은 억누르는 것이 아니라 관찰될 때 스스로 잦아듭니다. 명
상은 변연계(amygdala)의 과도한 반응을 완화하고, 감정의 파동을
잔잔하게 하는 '내면의 완충장치'를 형성합니다.

(3) 자기인식(Self-Awareness)

명상은 "나는 이 생각이 아니다, 이 감정이 아니다"라는 '메타인지
(Metacognition)'를 깨우칩니다. 즉, '생각을 아는 나', '감정을 지켜보
는 나'를 자각하게 되며, 자아 동일시의 굴레에서 벗어나 자유로워
집니다.

이 세 가지는 마음의 기초 체력입니다. 이를 기초로 몸과 마음은 안정되고, 삶의 모든 순간이 수행의 장으로 바뀌게 됩니다.

뇌과학이 본 명상—전두엽과 변연계의 조화

명상을 하는 사람의 뇌를 연구한 결과, 뇌의 구조와 기능이 실제로 변화한다는 사실이 밝혀졌습니다.

하버드 의대의 사라 라자(Sara Lazar) 박사 연구팀은 8주간의 마음챙김 명상을 실시한 결과, 해마(기억과 학습), 전두엽(주의와 의사결정), 측두두정접합부(공감과 자기이해) 등의 두께가 두꺼워졌음을 보고했습니다.

또한, 불안을 관장하는 편도체(amygdala)의 반응이 줄어들고, 대상피질(ACC)의 활동이 강화되어 감정이 안정되고 인내심이 향상된다는 결과도 나타났습니다.

즉, 명상은 단순한 심리적 훈련이 아니라. 이성적 사고를 담당하는 전두엽 부분과 감정 및 본능을 담당하는 변연계 사이의 연결을 강화하는 뇌 신경망의 재구성(neuroplasticity)을 일으키는 생리적 수련입니다.

마음챙김의 현대적 응용—스트레스 완화와 회복탄력성

명상은 더 이상 종교인이나 수도자의 전유물이 아닙니다. 오늘날 의료, 교육, 심리치료, 기업경영 등 다양한 영역에서 '마음챙김(Mindfulness)'이라는 이름으로 실용화되고 있습니다.

미국의 존 카밧진(Jon Kabat-Zinn) 박사는 1979년 '마음챙김 기반 스트레스 감소 프로그램(MBSR)'을 개발하여, 명상이 만성 통증, 불안, 우울에 미치는 긍정적 효과를 실증했습니다. 그 이후 전 세계 병원과 학교, 기업에서는 명상을 단순한 휴식이 아니라, 자기 회복과 자기 조절의 핵심 기술로 가르치고 있습니다.

명상은 외부 환경을 통제하는 기술이 아니라, '내면의 반응'을 선택할 수 있는 자유를 키우는 수련입니다. 그래서 명상하는 사람은 인생의 고비를 만나도 쉽게 무너지지 않습니다. 이것이 바로 '회복탄력성(resilience)'입니다.

명상의 단계—집중, 관찰, 통찰의 흐름

명상의 과정은 일반적으로 세 단계로 요약할 수 있습니다.

(1) 집중(定, Samādhi)
산란한 마음을 한 대상에 모아 고요히 머물게 하는 단계. 이때 마음은 잔잔한 호수처럼 맑아집니다.

(2) 관찰(觀, Vipassanā)

고요 속에서 몸과 감정, 생각이 일어나고 사라지는 모습을 판단하지 않고 그대로 지켜보는 단계. 무상(無常)·무아(無我)·고(苦)의 법칙이 체험됩니다.

(3) 통찰(慧, Prajñā)

모든 존재가 서로 의존해 생겨남을 깨닫는 단계. 이때 마음은 분리된 자아를 넘어, 전체 생명의 리듬과 하나로 어우러집니다.

이 세 단계를 반복하며 수행할 때, 명상은 일상 속으로 스며듭니다. 숨 쉬는 것, 걷는 것, 밥을 먹는 것. 모든 행위가 수행이 됩니다.

기와 명상의 통합적 이해—몸의 고요 속에서 마음을 보다

기수련은 몸을 통하여 마음을 고요히 하는 길입니다. 명상수련은 마음을 통하여 몸을 다스리는 길입니다.

둘은 서로 다른 듯하지만, 결국 한 길로 만납니다.

기수련에서 '단전'이 중심이라면, 명상수련에서는 '지켜보는 마음'이 중심입니다. 단전에 모인 기운이 상단전으로 올라가면, 의식은 맑고 투명한 자각으로 변합니다. 이때 기는 마음의 빛이 되고, 마음은 기의 주인이 됩니다.

이것이 바로 '성명쌍수(性命雙修)'의 원리입니다.

몸과 마음, 기와 의식이 하나로 통합될 때 비로소 수행은 삶이 되고, 삶은 수행이 됩니다.

맺음말

명상이란 결코 특별한 행위가 아닙니다. 그것은 지금 이 순간을 있는 그대로 알아차리는 일입니다.

하루 중 단 몇 분이라도 고요히 앉아, 숨결과 마음의 파동을 관찰해 보십시오. 그 순간, 당신은 이미 깨달음의 문턱에 서 있습니다.

그 문은 멀리 있지 않습니다. 당신의 가슴 속, 당신의 단전 속, 바로 그 자리에서 열립니다.

2장

선도의 기수련
: 몸을 다스리는 법

1.
선도의 역사와 전통

선도의 기원—하늘과 인간이 함께 숨 쉬던 시대

선도(仙道)는 인간이 하늘과 땅의 이치를 깨닫고, 그 속에서 스스로를 조화시키려 했던 가장 오래된 수련의 전통입니다.

'선(仙)'이라는 글자는 사람(人)과 산(山)이 결합된 형상입니다. 즉, 산처럼 고요하고 자연과 하나가 된 인간을 뜻합니다.

우리 민족의 선도는 고대 중국의 도가(道家)보다 앞서, 자연을 스승으로 삼고 하늘과 인간이 함께 호흡하는 '천인합일(天人合一)'의 사상 속에서 피어났습니다.

《삼국유사》에는 이미 '조의선인(皂衣仙人)'이라는 표현이 등장합니다. 이는 고구려의 수도자들이 도를 닦던 수련 집단으로, 이들이 추구한 이상이 바로 '국선(國仙)' 즉, 나라를 밝히는 선인이었습니다.

그들의 수련은 단순한 개인적 해탈의 길이 아니라, 자신을 닦아 세상을 이롭게 하는 '수기안인(修己安人)'의 도(道)였습니다.

이 정신은 훗날 신라의 화랑도(花郎徒)로 이어지며, '풍류도(風流道)'라는 이름으로 한민족의 정신적 맥을 이루게 됩니다.

한국 선도의 전통—풍류와 화랑, 그리고 국선도의 계승

한국의 선도 전통은 유교·불교·도교가 들어오기 이전부터 존재한 고유한 '밝음의 철학' 위에 세워졌습니다. 그 중심에는 밝음(明), 생명(生), 조화(和)의 세 가지 원리가 있습니다.

삼국사기에 의하면, 통일신라의 학자인 최치원이 화랑인 난랑을 위하여 지은 《난랑비서(鸞郎碑序)》에서 "우리나라에 현묘한 도가 있으니, 이를 풍류라 한다"고 했습니다.

그 풍류의 핵심은 불교의 자비, 유교의 예, 도교의 무위를 아우르는 조화의 정신이었습니다.

화랑들은 산과 들을 누비며 심신을 단련하고, 호연지기(浩然之氣)를 길러 나라를 위해 목숨을 바쳤습니다. 그들의 수련에는 무예뿐 아니라 기도, 호흡, 명상, 예법이 함께 포함되어 있었습니다.

이러한 흐름은 시대를 거쳐 비전으로 전해졌고, 조선 시대 이후 산중 수도자들에 의해 밝돌법(明轉法), 선도법(仙道法), 그리고 현대의 '국선도(國仙道)'로 이어졌습니다.

국선도는 선도의 고유 원리를 '단전행공(丹田行功)'과 '정기신(精氣神)' 수련으로 체계화하여, 오늘날 다시 세상 속의 수련으로 되살린 것입니다.

선도의 사상적 특징—자연과 인간의 하나 됨

선도의 중심사상은 자연과 인간의 일체성에 있습니다. 선인은 자연을 정복하거나 이용하려 하지 않고, 그 흐름에 순응하며 스스로를 자연의 일부로 돌려놓습니다.

이 사상은 '무위이화(無爲而化)'로 요약됩니다. 즉, 인위적인 것을 버리고 자연스러운 조화 속에서 변화하는 길입니다.

선도의 수련은 억지로 기를 움직이거나, 머리로 생각하며 조작하는 방식이 아닙니다. 그저 몸과 마음이 고요해질 때, 자연히 기가 통하고 생명이 충만해집니다.

이 자연적 조화의 실현은 '정기신(精氣神) 삼보(三寶)'의 순환 속에서 이루어집니다. 정(精)은 몸의 근본이고, 기(氣)는 생명의 흐름이며, 신(神)은 의식의 빛입니다.

이 셋이 하나로 돌아가면 인간은 내외가 맑고 충만한 '진인(眞人)'의 경지에 이릅니다.

선도의 수련 체계—삼단전과 호흡의 길

선도의 수련은 '삼단전(三丹田)'을 중심으로 구성됩니다. 삼단전은 인간 존재를 이루는 몸·마음·의식의 세 중심으로, 기의 축적과 순환, 의식의 안정과 통합이 이 세 자리를 통해 이루어집니다.

(1) 하단전(下丹田)

배꼽 아래 세 치(寸) 안쪽의 복부 한가운데에 있으며, 생명의 근원 자리로서 기를 모으고 저장하는 중심입니다.

선도의 모든 수련은 하단전을 기초로 삼으며, 몸의 안정과 건강, 깊은 호흡의 토대가 이곳에서 형성됩니다.

(2) 중단전(中丹田)

가슴 중앙에 위치하며, 호흡과 감정, 기의 흐름을 조화롭게 조율하는 자리입니다.

중단전이 열리면 호흡이 부드러워지고 정서의 흔들림이 가라앉아 마음이 자연스럽게 안정됩니다.

(3) 상단전(上丹田)

미간 안쪽에 있으며, 의식과 통찰의 중심으로서 정신의 빛이 밝아지는 자리입니다.

집중과 알아차림이 깊어지며, 수행자는 생각에 휘둘리지 않고 맑은 깨어 있음에 머물게 됩니다.

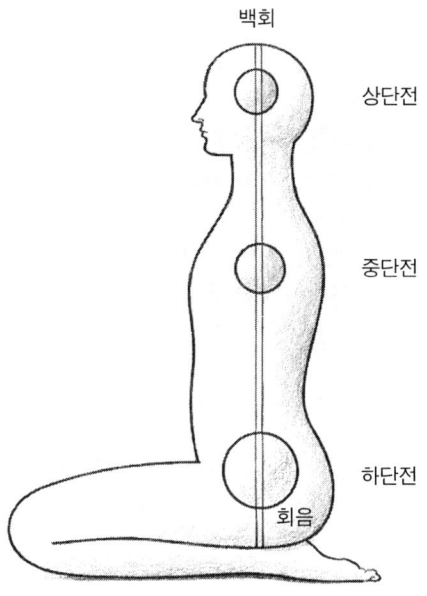

백회
상단전
중단전
하단전
회음

　이 삼단전이 조화롭게 열리고 서로 통할 때, 기는 하단전에서 시작하여 척추를 따라 올라 머리끝 백회에 이르고, 다시 앞쪽 임맥을 따라 단전으로 내려옵니다. 이 순환을 '소주천(小周天)'이라 합니다.

　수련이 깊어지면 이러한 기의 흐름은 인체 전반의 경락과 장부는 물론, 나아가 외부의 에너지 장과도 자연스럽게 어우러지게 됩니다. 이 상태를 '대주천(大周天)'이라 부릅니다.

　이러한 인체 내외의 순환원리는 결국 몸과 우주의 기운이 서로 호흡하는 상태, 즉 천인합일(天人合一)의 실현입니다.

현대 사회에서의 선도의 의의—인간 회복의 길

오늘날의 선도 수련은 더 이상 신비주의나 은둔의 길이 아닙니다. 그것은 인간 본연의 생명 감각을 회복하는 길입니다.

빠른 정보와 경쟁, 스트레스 속에서 잃어버린 중심을 되찾게 하고, 자연과의 단절을 회복하게 하는 지혜의 체계입니다.

선도의 '단전호흡법'은 기를 모아 안정시키는 과학적 호흡법이며, 그 원리는 명상과 심리학, 의학적 연구를 통해도 입증되고 있습니다.

이제 선도는 전통의 울타리를 넘어, 현대인의 건강, 마음치유, 자기성찰의 도구로 자리잡았습니다.

결국 선도의 목표는 초인(超人)이 되는 것이 아닙니다. 그것은 '진정한 인간(眞人)'으로 돌아가는 일입니다. 자연과 더불어 숨 쉬고, 자기 안의 하늘을 깨닫는 일. 그것이 바로 선도의 본질입니다.

맺음말

선도는 옛것이 아니라 인간의 본래성으로 돌아가는 길입니다. 그 길은 멀리 있지 않습니다. 매일의 숨결 속에서, 매 순간의 몸가짐 속에서 하늘과 땅의 기운은 늘 함께 호흡하고 있습니다.

"하늘을 닮은 마음, 땅을 닮은 몸."

이 짧은 구절이 바로 선도의 정신입니다.

그 마음과 몸이 하나로 조화될 때, 우리는 다시 생명의 길 위에 서게 됩니다.

2.
단전호흡과 기의 원리

단전이란 무엇인가
─생명의 중심, 숨의 근원

단전(丹田)은 문자 그대로 '붉
은 밭', 즉 '생명의 불씨가 타오
르는 밭'이라는 뜻입니다.

동양 수련 전통에서는 하단
전·중단전·상단전의 세 단전을
말하지만, 그 중심은 언제나 '하
단전(下丹田)'에 있습니다.

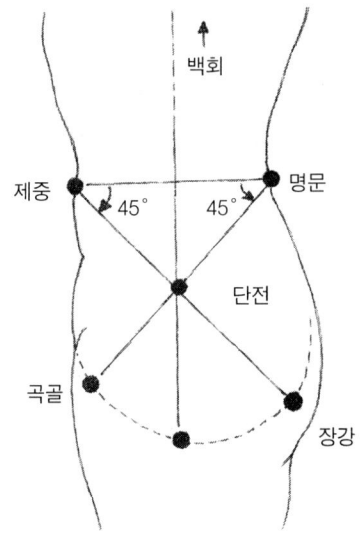

하단전은 배꼽 아래 약 3촌(약 7~8cm) 정도의 복부 한 가운데에 자
리하며, 기(氣)가 모이고 머무르는 중심점입니다. 이곳은 단순한 해부
학적 위치가 아니라, '생명의 뿌리이자 마음의 자리'로 이해됩니다.

어머니의 태중에서 태아는 탯줄을 통해 호흡하고, 그 중심이 바로 하단전 근처입니다. 즉, 인간의 첫 숨과 마지막 숨은 모두 단전과 연결되어 있습니다. 그러므로 단전호흡은 단순히 '숨쉬기'가 아니라 삶 전체를 다시 생명의 근원으로 돌려놓는 '회귀의 호흡'이라 할 수 있습니다.

기(氣)의 개념—삶 전체를 움직이는 근원적인 힘

'기(氣)'는 동양 사상에서 가장 기본적이면서도 동시에 가장 포괄적인 개념입니다. 기는 하늘과 땅 그리고 만물을 이루는 근원적인 작용 원리로, 응집되면 물질로 드러나고 흩어지면 눈에 보이지 않는 힘으로 작용합니다.

기는 생명 활동의 원동력으로서 혈액과 함께 인체를 순환하며, 장부와 경락을 따라 흐릅니다. 기가 충실하면 몸은 활력을 얻고 마음은 고요해지지만, 기의 흐름이 막히거나 약해질 때 여러 신체적·정신적 불균형이 나타납니다.

한마디로 기는 '눈에 보이지 않지만, 삶 전체를 움직이고 지탱하는 근원적인 힘'이라 할 수 있습니다.
그리고, 전통적으로 인체 내의 기는 다음과 같이 세 가지 측면으로 설명됩니다.

(1) 원기(元氣)

원기는 부모로부터 받은 선천적인 기로, 생명의 뿌리에 해당합니다.

삶을 유지하는 가장 근본적인 바탕이 되는 기이며, 살아가면서 점차 소모되므로 음식과 호흡, 생활의 조화를 통해 보완될 필요가 있습니다.

(2) 정기(精氣)

정기는 음식 섭취와 호흡을 통해 얻는 후천적인 기입니다.

음식물의 영양과 호흡을 통한 산소가 결합하여 생성되는 에너지로, 일상적인 생명 활동을 직접적으로 지탱하는 역할을 합니다.

(3) 진기(眞氣)

진기는 정기에 마음의 안정과 집중이 더해지며 수련을 통해 점차 드러나는 기입니다.

정기와 정신 작용이 조화를 이룰 때 형성되는 고급의 기로, 기수련에서 핵심적으로 다루어지는 에너지라 할 수 있습니다.

이처럼 기는 단일한 개념이 아니라, 선천과 후천, 그리고 마음의 작용이 어우러져 나타나는 생명의 흐름 전체를 가리키는 말입니다.

호흡의 생리학적 원리—몸과 마음의 다리

사람은 하루 약 2만 번의 호흡을 합니다. 그러나 대부분의 사람은 그 사실조차 의식하지 못한 채 살아갑니다. 호흡은 의식하지 않아도 지속되는 자동 기능이지만, 동시에 의식적으로 조절할 수 있는 유일한 생명 작용입니다.

이 점이 바로 기수련과 명상의 문이 열리는 지점입니다. 숨은 '몸의 작용'이면서 동시에 '마음의 작용'이기 때문입니다.

숨을 고르게 하면 교감신경의 과활동이 줄고, 부교감신경이 활성화되어 몸은 이완됩니다. 혈압이 안정되고, 심박이 부드러워지며, 뇌파는 베타(β)파에서 알파(α)파와 세타(θ)파 상태로 내려갑니다. 그 결과, 사고가 느려지고 마음은 고요해집니다.

즉, 호흡은 단순한 산소 교환이 아니라 '몸과 마음을 잇는 다리'이며, 단전호흡은 그 다리 위에서 중심을 세우는 법입니다.

선도의 호흡관—길고, 부드럽고, 고른 호흡

선도에서는 이상적인 호흡의 세 가지 조건을 '장·유·균(長·柔·均)', 즉 길고(長), 부드럽고(柔), 고른(均) 호흡이라 합니다. 이는 억지로 조절하는 호흡이 아니라, 몸과 마음이 안정될수록 자연스럽게 이루어지는 호흡의 상태를 가리킵니다.

(1) 길게(長)
들이숨과 날숨이 억지 없이 자연스럽게 길어집니다.

숨이 길어질수록 기가 단전에 머무는 시간이 늘어나고, 몸은 여유를 되찾으며 마음은 점차 가라앉습니다.

(2) 부드럽게(柔)

호흡은 소리 없이 미세하게 이어져야 합니다.

거친 호흡은 몸의 긴장과 함께 마음의 동요를 불러일으키므로, 숨결이 부드러워질수록 내면은 더욱 안정됩니다.

(3) 고르게(均)

들숨과 날숨, 그리고 멈춤의 길이가 조화를 이룰 때 몸과 마음의 리듬이 하나로 맞아들어 갑니다.

이때 호흡은 끊어지지 않고, 일정한 흐름으로 자연스럽게 이어집니다.

이 세 가지 조건이 갖추어지면 단전의 기운이 자연히 따뜻해지고, 복부와 흉부의 긴장이 풀리며, 몸 전체에 안정된 순환이 일어납니다.

이러한 호흡은 곧 다음 단계인 단전호흡 수련의 기초가 됩니다.

단계별 단전호흡 수련법

(1) 초급 단계—복식호흡으로 몸을 깨우기

초급자는 먼저 '복식호흡(腹式呼吸)'을 익혀야 합니다. 편안히 앉거나 누운 자세에서, 숨을 들이쉴 때 아랫배가 자연히 부풀고, 내쉴 때 서서히 들어가도록 합니다. 이때 억지로 배를 밀어내지 말고, '단전이 스스로 움직인다'는 느낌으로 접근합니다.

처음에는 4초 들숨, 4초 날숨으로 시작하여 몸이 익숙해지면 5초-5초, 6초-6초로 천천히 늘려갑니다. 호흡의 길이가 늘어날수록 마음의 파도는 잦아듭니다.

(2) 중급 단계—단전의 중심을 세우기

복식호흡에 익숙해지면, 의식을 하단전 중심에 두고 숨을 모읍니다. 들이쉴 때 하단전이 미세하게 따뜻해지는 것을 느끼며, 내쉴 때는 그 온기가 온몸으로 번지는 상상을 합니다.

이 단계에서는 '숨을 모은다'기보다 '숨이 스스로 모인다'는 자연스러운 감각을 길러야 합니다. 억지로 기를 몰면 기는 막히지만, 마음이 고요하면 기는 스스로 통합니다.

(3) 상급 단계—미세호흡과 소주천

상급자는 호흡이 거의 들리지 않을 정도로 미세해집니다. 들이쉼과 내쉼의 구분이 사라지고, 호흡은 단전의 미세한 맥동처럼 이어집니다.

이때 단전의 기운이 척추를 따라 올라 백회로 오르고, 다시 앞쪽 임맥을 따라 단전으로 내려오는 '소주천(小周天)'의 순환이 자연히 일어납니다.그 과정에서 머리는 맑고, 몸은 따뜻하며, 마음은 바다처럼 고요해집니다.

그런데, 몸에서 기가 흐르는 통로를 경락(經絡)이라고 하며, 중요한 경락으로서 12개의 정경(正經)과 8개의 기경(奇經)이 있습니다.

이 중에서 척추를 중심으로 몸의 뒤쪽을 도는 독맥(督脈)과 앞쪽을 도는 임맥(任脈)이 특히 중요합니다.

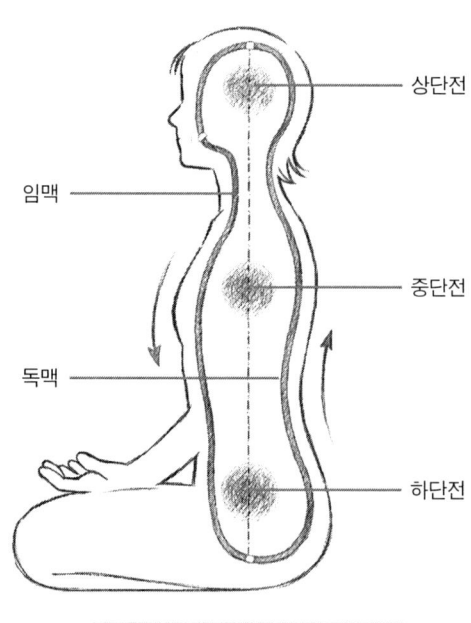

임맥

독맥

상단전

중단전

하단전

수승화강의 에너지 순환 시스템

기의 운행과 감각의 변화

단전호흡이 깊어질수록 다음과 같은 변화가 느껴집니다.

- 복부가 따뜻하고 묵직해지는 '단기(丹氣)'의 형성
- 손끝·발끝의 미세한 진동감
- 머리의 압박감이나 맑아짐(기 상승)
- 감정의 잔물결이 줄어들고, 평온이 깊어짐

이런 체험은 모두 기의 순환이 일어나는 자연스러운 현상입니다. 다만, 어느 한 감각에 집착하지 말고 '느끼되 붙잡지 않는 마음'으로 관찰해야 합니다.

기의 순환은 물 흐르듯이, 억지로가 아니라 순응의 리듬으로 일어나야 합니다.

단전호흡의 효과와 주의사항

(1) 효과
- 체온이 상승하고 면역력이 강화됩니다.
- 자율신경계가 안정되고 수면의 질이 향상됩니다.
- 집중력·기억력·감정 조절능력이 향상됩니다.
- 내면의 고요함은 늘어나고 불안·우울감은 감소됩니다.

(2) 주의사항
- 과도한 숨 참기(지식, 止息)는 피해야 합니다.
- 억지로 기를 돌리려 하지 말고, 언제나 단전 중심을 유지합니다.
- 식후 1시간 이내, 음주 후, 피로 시에는 가볍게만 수련합니다.

- 어지러움이나 열감이 심하면 즉시 중단하고 편히 누워 자연호흡으로 안정합니다.

맺음말

단전호흡은 하나의 기술이 아니라, 삶을 대하는 태도입니다. 그것은 숨을 억지로 조절하거나 만들어 내는 호흡이 아니라, 이미 이루어지고 있는 숨의 흐름 속으로 조용히 돌아가는 호흡입니다.
그 숨결을 따라가며, 우리는 세상과 나, 몸과 마음이 본래 하나의 흐름으로 이어져 있음을 다시 알아차리게 됩니다.

매일의 짧은 호흡 수련 속에도 하늘과 땅의 리듬이 함께 쉬고 있습니다. 그 숨을 느끼며 따라갈 때, 흩어져 있던 마음은 차분히 가라앉고, 우리는 스스로의 중심에 자연스럽게 다시 닿게 됩니다.

단전호흡은 특별한 상태를 얻기 위한 수행이 아닙니다. 이미 숨 쉬고 있는 지금 이 순간으로 돌아와, 몸과 마음, 삶 전체를 하나로 느끼는 길입니다.
그 길 위에서, 수련은 더 이상 따로 하는 일이 아니라 살아가는 방식 그 자체가 됩니다.

3.
전통 선도의 수련법

선도 수련의 본질

선도(仙道)는 하늘과 인간이 하나 되는 '천인합일(天人合一)'의 경지를 지향하는 수련 체계입니다. 그 핵심은 몸과 마음, 그리고 기(氣)를 함께 단련하여 생명의 근원을 회복하는 데 있습니다.

선도에서는 인간의 생명활동을 '정(精)·기(氣)·신(神)'의 세 가지 요소로 설명합니다. 정은 생명의 근원이며, 기는 그 생명을 움직이는 바람이고, 신은 그것을 비추는 밝음입니다.

이 셋은 각각 다른 실체가 아니라, 끊임없이 전환하며 하나의 흐름으로 순환하는 존재라 할 수 있습니다.

따라서 선도의 수련이란 단순히 기를 모으거나 정신을 안정시키는 기술이 아니라, 정·기·신의 삼원(三元)을 하나로 통합하여 생명의 본래 리듬을 되찾는 길입니다.

이러한 조화를 '성명쌍수(性命雙修)'라 하며, 몸과 마음, 생명과 의식이 함께 성숙하는 완전한 수련을 뜻합니다.

준비 단계—전신조타법과 기체조법

선도의 수련은 몸을 고요히 가라앉히는 데서 시작하지 않습니다. 먼저 몸의 문을 열고, 기의 흐름을 깨워야 합니다. 몸이 막히면 기가 통하지 않고, 기가 막히면 마음도 고요하지 않기 때문입니다.

이를 위해 수행자는 수련 전에 '전신조타법(全身調打法)'과 '기체조법(氣體操法)'을 시행합니다.

전신조타법은 온몸을 부드럽게 두드리고 흔들어 막힌 기혈을 열어주는 방법입니다. 손끝으로 머리, 어깨, 가슴, 허리, 다리까지 가볍게 두드리며, 몸의 각 부위에 잠든 감각을 깨우는 것입니다. 이 과정은 단순한 체조가 아니라, 몸의 기문(氣門)을 여는 의식적 행위입니다.

이어서 시행하는 기체조법, 즉 '기혈순환유통법(氣血循環流通法)'은 몸의 주요 관절과 근육을 풀어주며, 경락의 흐름을 정돈하는 동작들로 이루어집니다.

목을 부드럽게 돌리고, 어깨를 들썩이며, 허리를 좌우로 회전하고, 다리를 펴고 굽히며 몸 전체의 긴장을 풀어줍니다.

이때 호흡은 억지로 길게 하지 않고, 동작과 자연스러운 흐름에 맡깁니다.

이 준비 단계는 몸과 호흡, 의식이 하나로 모이는 출발점입니다. 몸이 풀리면 단전이 따뜻해지고, 숨이 고르게 이어지며, 내면의 움직임이 서서히 깨어납니다.

본 수련—단전호흡과 단전행공

준비가 끝나면 본격적인 '단전호흡(丹田呼吸)'에 들어갑니다.

하단전은 배꼽에서 약 세 치 아래 안쪽의 하복부 중심의 자리로 생명 에너지가 모이는 중심이며, 선도 수련의 근본이 되는 공간입니다.

숨을 들이쉴 때 하단전이 자연스럽게 부풀고, 숨을 내쉴 때 천천히 가라앉습니다. 이때 의식은 배 중심의 따뜻한 감각에 머물며, 호흡의 길이보다 '호흡의 질'을 느끼는 것이 중요합니다.

억지로 조절하지 않고, 자연의 리듬에 맡겨 호흡이 스스로 깊어지게 합니다.

그러나 국선도에서는 한 자세로만 호흡하는 것을 금합니다. 호흡은 흐름이므로, 자세가 고정되면 기의 순환이 막힐 수 있기 때문입니다. 이를 방지하기 위한 방법이 바로 '단전행공법(丹田行功法)'입니다.

단전행공은 호흡과 함께 다양한 자세를 취하며, 단전에 모인 기가 온몸으로 흘러가도록 돕는 동적 수련입니다. 허리를 숙이거나 틀고, 팔을 들어 올리고 내리며, 기운이 흐르는 대로 몸을 맡깁니다.
이때 호흡은 끊기지 않고, 모든 동작의 중심에는 단전이 있습니다.

몸의 움직임과 호흡이 완전히 하나로 합쳐지면, 단전에서 피어난 기가 전신으로 흐르고, 그 기운이 다시 단전으로 되돌아오게 됩니다.
이것이 곧 생명 순환의 완성입니다.

심화 단계—연정화기·연기화신·연신환허

전통 선도의 깊은 수련은 정기신(精氣神)을 정련(精鍊)하는 데 있습니다. 이 과정을 '삼단 수련(三段 修鍊)'이라 하며, 인간의 생명이 점점 더 미묘한 차원으로 변화해 가는 여정을 뜻합니다.

(1) 연정화기(錬精化氣)
정(精)을 기(氣)로 전환하는 단계입니다.
절제된 생활과 꾸준한 호흡, 바른 행공을 통해 몸속의 탁한 기운을 걷어내고 순수한 진기를 단전에 모읍니다.
이때 몸은 따뜻해지고, 숨결은 길어지며, 마음은 잔잔해집니다.

(2) 연기화신(鍊氣化神)

단전에 저장된 기가 전신에 고르게 순환하며 의식의 밝음으로 변화하는 단계입니다.

호흡이 미세해지고, 몸의 감각이 투명해집니다. 생각의 흐름이 고요히 가라앉고, 마음의 빛이 점점 선명해집니다.

수행자는 이때 '안으로 빛이 피어오르는 듯한 평화'를 체험하게 됩니다.

(3) 연신환허(鍊神還虛)

마지막 단계는 신(神)이 허(虛)로 돌아가는 경지입니다.

이때 수행자는 자신과 세계의 경계가 사라지는 '무분별의 고요'를 경험합니다. 모든 것이 스스로 그러하며, 숨 쉬는 것조차 하나의 자연스러운 도(道)의 움직임이 됩니다.

이것이 선도 수행이 지향하는 궁극의 경지, 즉 천인합일(天人合一)의 상태입니다.

맺음말

전통 선도의 수련은 단순한 체조나 호흡법이 아닙니다. 그것은 인간이 본래 지닌 생명의 질서와 우주의 리듬을 회복하는 길입니다.

몸을 닦고 호흡을 다스리며 마음을 고요히 하는 모든 과정, 결국 하늘의 도를 인간의 몸 안에 다시 세우는 일이라 할 수 있습니다.

한 호흡, 한 동작, 한 생각이 모두 수행의 장입니다.

하늘의 기운은 멀리 있지 않습니다. 그대의 단전이 밝아질 때, 하늘 또한 그대의 숨결 속에서 빛납니다.

4.
한국 선도 사상의
현대적 의의

선도의 본질, 자연과 인간의 합일

한국의 선도(仙道)는 단순한 수행 체계가 아니라, 인간과 자연의 근원적 일체성을 회복하려는 삶의 철학입니다. 그 뿌리는 우주 만물이 하나의 기(氣)에서 비롯되었다는 동양의 생명관에 있습니다.

이 기는 생명을 낳고, 자라게 하며, 사라짐 속에서도 다시 순환하는 '살아 있는 법(法)'입니다.

선도의 세계관은 "인간이 자연의 일부이며, 동시에 자연의 질서를 내면에 품고 있다"는 깨달음 위에 세워집니다.

이 사상은 서양의 주객이분적 인간관과는 달리, 인간을 우주 속의 '살아 있는 기의 결'로 이해합니다. 즉, 인간은 우주로부터 분리된 존재가 아니라, 우주의 리듬이 잠시 인간이라는 형태로 드러난 것입니다.

따라서 선도는 인간이 자연을 정복하거나 이용하는 기술이 아니라, 자연과 함께 호흡하고, 그 흐름을 따르며, 스스로를 조화시키는 '공생의 도(道)'를 추구합니다.

이것이 바로 '천인합일(天人合一)'의 정신입니다.

선도의 인간관─성명쌍수의 실천

선도에서 인간은 '성(性)'과 '명(命)'을 함께 지닌 존재로 이해됩니다. 성은 하늘로부터 받은 본래의 밝음이며, 명은 땅으로부터 받은 생명의 에너지입니다. 이 둘은 마치 등불의 불빛과 기름처럼 서로 떨어질 수 없습니다.

성명쌍수(性命雙修)는 이 둘을 동시에 닦는 수련입니다. 성은 마음의 닦음으로, 명은 몸의 닦음으로 완성됩니다. 즉, 선도에서는 마음의 고요와 단전의 기운이 함께 정돈되어야 참된 수련이 이루어진다고 봅니다.

이것이 바로 몸과 마음, 하늘과 땅이 한 줄기로 이어지는 수행의 길입니다.

오늘날 이러한 사상은 심신일여(心身一如), 몸-마음 통합치유, 명상 기반 자기회복 등의 현대적 언어로 되살아나고 있습니다.

서양의 심리치료나 명상 프로그램이 마음의 평정에 집중한다면, 선도는 여기에 몸의 중심인 '단전'을 더하여 정신과 생명력의 균형적 성장을 지향합니다.

그 결과, 단순한 심리적 안정에 머무르지 않고 삶 전체의 조화와 통합을 추구하는 '전인수련(全人修錬)'으로 발전합니다.

선도의 현대적 가치—생명철학과 인류의 길

현대사회는 물질문명의 발전과 함께 정신적 공허, 생태적 위기를 동시에 겪고 있습니다. 선도의 가르침은 이러한 시대적 문제에 대한 근원적 대안을 제시합니다.

첫째, 생명존중의 윤리입니다.

선도의 기(氣)는 모든 존재를 살아 있게 하는 공통의 근원입니다. 따라서 나의 숨결과 나무의 잎사귀, 바람과 강물의 흐름이 본질적으로 하나의 생명망으로 연결되어 있습니다.

이 깨달음은 인간 중심적 사고를 넘어, 모든 생명을 동등하게 존중하는 윤리의 기초가 됩니다.

둘째, 균형의 철학입니다.

선도의 수행은 항상 '중정(中正)'을 중시합니다. 너무 빠르지도, 너무 느리지도 않게 기운의 흐름이 막히지 않도록 중심을 지키는 것입니다.

이 균형의 원리는 현대인의 불균형한 생활 습관, 과도한 경쟁, 정서적 소진을 조절하는 실질적 지혜가 됩니다.

셋째, 내면혁신의 길입니다.

선도의 수련은 외적 성취보다 내적 성장에 초점을 둡니다. 호흡 하나, 자세 하나 속에 내면의 질서를 세우고, 몸의 고요 속에서 마음의 진실을 비춥니다.

이 과정에서 인간은 점차 자신 안의 불안·탐욕·두려움을 녹여내고, 스스로가 이미 충분하고 온전한 존재임을 깨닫게 됩니다.

과학과 철학의 만남

21세기에 들어 동양의 기(氣) 개념은 생명과학, 신경과학, 물리학의 영역에서 새로운 관심을 받고 있습니다.

예를 들어, 생체전기와 세포 신호전달 체계는 '생명 에너지의 흐름'이라는 관점에서 이해될 수 있으며, 호흡과 자율신경계의 상관관계, 뇌파 변화와 명상의 관계에 대한 연구들은 선도의 기수련이 단순한 신념이 아니라 체험적·생리적 실재임을 보여줍니다.

또한 서구의 현상학과 인지과학에서는 '몸을 통한 의식(embodied cognition)'이 인간 의식의 근본적 형태로 제시되고 있습니다.

이는 선도의 오래된 가르침인 "몸이 바르면 마음이 바르고, 마음이 고요하면 도(道)가 드러난다"는 말과 깊이 맞닿아 있습니다.

이처럼 선도의 지혜는 더 이상 과거의 신비주의에 머무르지 않습니다. 몸과 마음, 생명과 의식을 하나의 과정으로 이해하는 통합적 관점 속에서, 현대 과학과 철학이 함께 재조명하는 새로운 인간 이해의 지평으로 자리 잡고 있습니다.

한국 선도의 정신문화적 유산

한국의 선도는 단순한 개인적인 수행체계가 아니라, 우리나라 민족정신의 뿌리입니다. 그 중심에는 밝음(明), 생명(生), 조화(和)라는 세 가지 기조가 있으며, 이는 인간과 자연, 개인과 공동체의 관계를 조화롭게 통합하려는 세계관을 반영합니다.

즉, 밝음은 사물을 꿰뚫어 보는 지혜의 빛이고, 생명은 모든 존재를 살아 움직이게 하는 근원적 힘이며, 조화는 그 힘들이 대립하지 않고 함께 살아가도록 이끄는 원리입니다.

국선도, 화랑도, 풍류도는 모두 이러한 선도 정신이 시대와 영역에 따라 다양하게 구현된 사례입니다. 그들은 신체를 단련하면서도 인격을 닦고, 자연을 본받으면서도 사회 속의 도를 실천하였습니다.

오늘날 이 전통은 다시금 '몸과 마음의 통합', '자연과 인간의 공생'이라는 주제로 부활하고 있습니다. 이는 단지 문화적 유산이 아니라, 미래 인류의 지속가능한 삶을 위한 사상적 토대가 될 수 있습니다.

맺음말

선도의 길은 하늘을 향한 길이면서, 동시에 땅을 딛는 길입니다. 하늘의 도는 멀리 있지 않습니다. 그대의 호흡 속, 그대의 걸음 속, 그대의 마음 한가운데 있습니다.

전통 선도 사상은 오늘날에도 여전히 살아 있는 지혜입니다. 그 것은 인간이 스스로의 중심을 회복하고, 자연과 더불어 사는 조화 로운 삶을 되찾는 실천의 철학입니다.

결국 선도의 가르침은 이렇게 말합니다.
"하늘은 한 점의 밝음으로 세상을 비추고, 인간은 그 밝음을 자 기 안에 다시 세워야 한다."

그 밝음이 바로 기(氣)의 흐름이며, 마음의 본성이고, 생명의 길입 니다. 이 길을 걷는 사람은 이미 신선이요, 부처입니다.

3장

불도의 명상수련
: 마음을 다스리는 법

1.
불교 명상의
철학적 기초

수행의 근원—괴로움을 직시하는 것에서 시작되다

불교의 명상은 단순한 정신 안정의 기법이 아닙니다. 그 뿌리는 인간 존재의 근원적 물음, 즉 "왜 우리는 괴로운가?"라는 질문에서 출발합니다.

> "태어남은 괴로움이고, 늙음도 괴로움이며, 병듦도 괴로움이고, 죽음도 괴로움이다."
>
> 《잡아함경(雜阿含經)》

이 괴로움을 피하려는 것이 아니라, 그 괴로움을 있는 그대로 관찰하고 이해하는 것, 그것이 명상의 첫걸음입니다. 그래서 불교 명상의 출발점은 '고통의 부정'이 아니라 '고통의 수용'입니다.

부처님은 깨달음의 순간, 인생의 고통의 실상과 그 고통이 어디에서 오고 어떤 방식으로 소멸시킬 수 있는지를 깨달으셨습니다.

이것이 곧 '사성제(四聖諦)'입니다.

사성제의 구조는 단순하지만 깊습니다.

- 고(苦)―괴로움이 있다.
- 집(集)―그 괴로움의 원인이 있다.
- 멸(滅)―괴로움이 사라질 수 있다.
- 도(道)―괴로움을 없애는 길이 있다.

명상은 이 네 가지 진리를 몸과 마음으로 '직관(直觀)'하는 수행입니다. 즉, 괴로움의 실체를 보고, 그 원인을 끊고, 해탈의 가능성을 체험하며, 그 길을 실제로 걷는 내면의 탐구 여정입니다.

팔정도의 중심―'정정(正定)'으로 향하는 수행의 흐름

사성제의 마지막 항목인 '도(道)'는 여덟 가지 길로 구체화됩니다. 이것이 불교 수행의 실천적 지도인 '팔정도(八正道)'입니다.

> "이 길은 중도(中道)라 불리며, 괴로움의 소멸에 이르는 길이다."
>
> 《상윳따 니까야(Saṃyutta Nikāya)》

팔정도의 여덟 가지 길은 다음과 같습니다.

- 정견(正見)—세상을 바르게 본다.
- 정사(正思)—올바르게 생각한다.
- 정어(正語)—바르게 말한다.
- 정업(正業)—바르게 행동한다.
- 정명(正命)—바른 생계를 유지한다.
- 정정진(正精進)—게으름 없이 노력한다.
- 정념(正念)—늘 깨어 있는 마음을 지닌다.
- 정정(正定)—깊은 고요의 집중에 이른다.

이 가운데 마지막 두 가지, 정념과 정정, 즉 '마음챙김과 집중'이 바로 명상의 중심입니다.

하지만 불교 명상은 단순히 '정신집중의 기술'에 머무르지 않습니다. 그것은 '바르게 사는 삶 전체'와 연결된, 윤리적 수행체계입니다.

오늘날 많은 이가 명상을 스트레스 해소나 생산성 향상 도구로 여깁니다.

하지만 부처님께서 말씀하신 명상은 '자아 중심적 평온'이 아니라 '집착으로부터의 자유'를 향한 길이었습니다. 그래서 명상은 단지 마음을 조용히 하는 일이 아니라, '바른 삶을 실천하는 행위' 그 자체와 분리될 수 없습니다.

선정(禪定)의 의미―마음을 고요히 가라앉히는 법

선정(禪定, Samādhi)은 팔정도의 마지막 단계이며, 불교 명상 수행의 심층부에 해당합니다.

선(禪, Dhyāna)은 마음을 한 대상에 모아 가는 집중의 과정이고, 정(定, Samādhi)은 그 집중이 흔들림 없이 지속되는 고요한 상태입니다.

그런데, 불교 명상은 대체로 두 단계가 함께 발전합니다.

첫째는 사마타(止)로, 마음을 한 대상에 머물게 하여 산란을 가라앉히는 수행입니다.

둘째는 위빠사나(觀)로, 고요해진 마음으로 현상을 있는 그대로 통찰하는 수행입니다.

이 두 가지는 서로 분리된 것이 아니라, 사마타가 토대가 되어 위빠사나가 가능해집니다.

예를 들어 들고 나는 호흡을 관찰할 때, 처음에는 호흡에 마음을 집중시켜 흐트러지지 않도록 합니다. 이 단계에서는 마음을 고요히 하는 데에 초점이 맞추어집니다. 그러나 집중이 안정되면, 수행자는 호흡의 미세한 변화와 감각, 그리고 그에 반응하여 일어나는 마음의 움직임을 자연스럽게 관찰하게 됩니다.

이때 수행자는 '내가 호흡하고 있다'는 느낌에서 벗어나, 조건에 따라 일어나고 사라지는 '마음이라는 현상 그 자체'를 경험하게 됩니다. 이 과정 속에서 '나'라고 여겨 왔던 것이 실은 끊임없이 변하는 감각과 생각의 흐름에 지나지 않음을 분명히 보게 됩니다.

이러한 직접적인 통찰이 곧 무아(無我)의 체험입니다. 무아는 이론적으로 이해되는 개념이 아니라, 선정을 바탕으로 한 관찰 수행 속에서 자연스럽게 드러나는 깨달음입니다.

이 점에서 선정은 단순한 마음의 안정 상태가 아니라, 통찰과 깨달음으로 나아가기 위한 필수적인 수행의 토대입니다.

명상의 철학—무상(無常)과 연기(緣起)

불교 명상의 사상적 기초를 이루는 두 축은 무상(無常)과 연기(緣起)입니다.

선정을 바탕으로 한 관찰 수행 속에서, 수행자는 모든 현상이 고정된 실체가 아니라 조건에 따라 일어나고 사라지는 과정임을 직접 경험하게 됩니다.

이러한 체험은 현상의 성질이 본질적으로 무상하며, 그 변화가 서로 의존하는 관계 속에서 일어난다는 사실을 분명히 드러냅니다. 무상과 연기는 단순한 이론이 아니라, 명상 수행 속에서 반복적으로 확인되는 경험적 진실입니다.

그 깨달음이 바로 '지혜(慧, Prajñā)'입니다. 지혜는 단순히 아는 것이 아니라, '보는 방식이 변하는 것'입니다. 세상을 '나의 관점'으로 보던 눈이 '연기의 관점'으로 바뀌는 순간, 그때 괴로움의 사슬이 끊어집니다.

맺음말

불교 명상의 철학은 이론으로만 존재하지 않습니다. 그것은 삶 속에서 검증되고, 체험 속에서 자라납니다.

또한, 명상은 결코 특별한 시간이 필요하지 않습니다. 호흡 하나, 걸음 한 걸음, 말 한마디 속에서도 그 마음이 깨어 있다면 이미 수행입니다.

"앉아 있을 때는 앉는 그대로, 걷고 있을 때는 걷는 그대로."
이 단순한 구절이 불교 명상의 진리를 모두 담고 있습니다.

부처님이 깨달으신 '도(道)'는 머나먼 하늘의 진리가 아니라, 매 순간 나의 몸과 마음속에 숨 쉬고 있습니다. 그것을 깨닫는 것이 명상의 시작이며, 그 깨달음이 깊어질수록 세상은 고요하게 변합니다.

2.
사마타(집중명상)와
위빠사나(통찰명상)

마음의 두 날개—'고요함'과 '통찰'

불교 명상의 세계는 두 개의 큰 날개로 펼쳐집니다.

하나는 사마타(Samatha, 止), 즉 마음을 고요히 머무르게 하는 길이며, 다른 하나는 위빠사나(Vipassanā, 觀), 즉 사물의 본질을 꿰뚫어 보는 길입니다.

사마타는 '바람이 잦아든 호수'와 같습니다.

마음이 잔잔해지면 물 위에 달이 비치듯, 사물의 진상이 드러납니다.

위빠사나는 바로 그 달빛 즉, 깨달음의 통찰을 상징합니다.

이 둘은 따로 존재하지 않습니다. 고요하지 않으면 통찰이 흐려지고, 통찰이 없으면 고요는 단지 멈춤에 불과합니다.

그래서 부처님은 말씀하셨습니다.

"수행자는 고요 속에서 지혜를 얻고, 지혜 속에서 고요함을 얻는다."

《앙굿따라 니까야(Aṅguttara Nikāya)》

사마타가 마음을 하나로 모으는 과정이라면, 위빠사나는 그 하나 된 마음으로 '있는 그대로'를 관찰하는 과정입니다. 그리하여 두 수행이 합쳐질 때, '평정과 지혜의 눈'이 열립니다.

사마타—마음을 멈추어 세우는 수행

사마타는 문자 그대로 '멈추는 것'을 뜻합니다.
흩어진 마음, 분주한 생각, 끊임없이 떠도는 감정의 파도를 멈추어 마음의 중심에 고요히 머무르는 훈련입니다.

사마타의 목적은 '집중력(定力)'의 개발에 있습니다. 이는 억지로 생각을 끊는 것이 아니라, 마음을 한 대상에 천천히 머무르게 함으로써 자연스럽게 잡념의 바다를 잠재우는 과정입니다.

사마타 수행을 통해 마음은 다음의 5단계를 거쳐 맑아집니다.
• 산란(散亂): 생각이 끊임없이 떠오르고 집중이 어려운 상태
• 집중(集心): 대상에 주의가 모이기 시작하는 상태
• 안정(定心): 마음이 한곳에 오래 머무르는 상태

- 희열(喜心): 고요 속에서 내면의 기쁨이 일어나는 단계
- 평정(捨心): 대상과 나의 구분이 사라지고 완전한 고요에 드는 단계

이때 수행자는 '무념'에 빠지는 것이 아니라, 깨어 있는 의식으로 '지금 이 순간'을 알아차리고 있습니다. 즉, '고요한 주의(靜中覺知)'의 상태입니다.

위빠사나—관찰과 통찰의 수행

위빠사나는 '통찰(Insight)'을 의미합니다.

사마타가 마음을 안정시키는 것이라면, 위빠사나는 그 고요한 마음으로 '현상의 본질'을 관찰하는 훈련입니다.

위빠사나는 판단이나 조작 없이, 지금 일어나는 모든 경험을 '있는 그대로' 바라보는 수행입니다. 호흡, 감정, 생각, 통증, 소리 등 모든 대상이 수행의 거울이 됩니다.

"이것은 일어났고, 이것은 사라진다."

《대념처경(大念處經)》

이 간단한 관찰 속에서 수행자는 '무상(無常)'을 체득합니다. 그 모든 것은 생겨나고, 머무르며, 사라집니다. '나의 감정', '나의 생각'이

라 여겼던 것들이 실은 끊임없이 변하는 조건적 현상임을 보게 됩니다.

이때 '무아(無我)'와 '고(苦)'의 진리 또한 드러납니다.

사마타와 위빠사나의 관계—"고요 속의 통찰"

불교의 명상 전통에서 사마타와 위빠사나는 분리된 두 길이 아니라, 상보적인 두 힘입니다. 사마타 없는 위빠사나는 불안정한 통찰로 흐르고, 위빠사나 없는 사마타는 무기력한 평온으로 끝납니다.

그래서 초기경전에서는 이 둘의 조화를 다음과 같이 설명합니다.

> "지혜 없는 선정은 결박을 낳고, 선정 없는 지혜는 흩어짐을 낳는다. 둘
> 이 함께 있을 때, 해탈이 완성된다."
>
> 《앙굿따라 니까야(Aṅguttara Nikāya)》

수행자는 먼저 사마타로 마음을 정돈한 뒤, 그 마음으로 위빠사나의 통찰을 일으켜야 합니다.

이것이 바로 《출입식경》과 《대념처경》이 가르치는 '정(定)과 혜(慧)의 쌍수(雙修)'의 수행 체계입니다.

《출입식경》에 따른 사마타 명상

《출입식념경(入出息念經, Ānāpānasati Sutta)》, 흔히 출입식경이라고 불리는 이 경전은 부처님께서 제자들에게 직접 전한 호흡 명상법의 근본 경전입니다.

경에서는 호흡의 들고 남(出入息)을 관찰함으로써 몸과 마음을 고요히 하고, 지혜를 열어가는 16단계의 수행을 제시합니다.

〈요약 단계〉

단계	수행 내용	주된 작용
1-4단계	호흡과 몸의 감각 알아차리기	몸의 고요와 안정
5-8단계	느낌의 희열과 평정 체험	느낌의 맑아짐과 마음의 안정
9-12단계	마음의 상태와 작용 관찰	마음의 작용과 의식의 통찰
13-16단계	진리에 대한 통찰	무상·무아의 지혜

이 수행은 '호흡을 조절'하는 것이 아니라 호흡을 통해 마음을 관찰하는 과정입니다. 즉, 들숨과 날숨이 자연스럽게 이어지는 흐름 속에서 '지금 여기에서 일어나는 모든 생명의 움직임(몸, 느낌, 마음, 생각)'을 깨닫는 것입니다.

《대념처경》에 따른 위빠사나 명상

《대념처경(大念處經, Satipaṭṭhāna Sutta)》은 불교 명상의 전 범위를 포괄하는 '마음챙김의 대원전(大原典)'입니다.

부처님은 이 경에서 다음 네 가지 영역에 주의를 기울이라고 말씀하셨습니다.

- 신념처(身念處)─몸을 있는 그대로 관찰하라.
- 수념처(受念處)─느낌이 일어남과 사라짐을 관찰하라.
- 심념처(心念處)─마음의 상태를 관찰하라.
- 법념처(法念處)─마음을 일으키는 근원적 법(진리)을 통찰하라.

이 네 가지는 위빠사나 수행의 단계적 지침입니다. 수행자는 몸에서 시작하여, 느낌과 마음, 그리고 법(法)의 차원으로 확장해 나가며 존재 전체를 꿰뚫는 '직관적 지혜(慧)'에 도달하게 됩니다.

단계별 명상 실천 가이드

(1) 기초 준비

- 조용한 공간에 결가부좌, 반가부좌 또는 평좌 자세로 앉습니다.
- 척추를 바르게 세우고, 어깨를 내리고, 시선은 45° 아래로 향합니다.
- 호흡을 억지로 조절하지 않고 자연스럽게 관찰합니다.

(2) 사마타 단계

- 들숨과 날숨의 길이나 감각을 알아차립니다.
- 호흡을 1~10까지 세는 것을 반복하며 주의 집중을 합니다.
- 마음이 흩어지면 부드럽게 호흡으로 되돌아옵니다.

(3) 위빠사나 단계

- 호흡에 일어나는 '감각의 미세한 변화'을 관찰합니다.
- 들숨·날숨 사이의 '멈춤'에서 무아의 감각을 체험합니다.
- 몸과 느낌, 생각, 의식의 일어남과 사라짐을 관찰합니다.

(4) 마무리 단계

- 고요한 상태에서 잠시 멈추어 "평정심"을 지켜봅니다.
- 몸 전체에 감사와 자비심을 보내며 수행을 회향합니다.

맺음말

사마타는 '고요의 기술'이고, 위빠사나는 '깨달음의 눈'입니다. 이 둘이 함께할 때, 수행자는 흔들리지 않는 마음의 중심을 얻게 됩니다.

> "지혜는 고요 속에서 자라고, 고요는 지혜를 품는다. 두 가지가 합쳐질
> 때, 번뇌는 멈추고 마음은 빛난다."
>
> 《법구경(法句經)》

명상은 단지 앉아 있는 시간이 아니라, 삶 전체를 깨어 있게 만드는 훈련입니다. 한 호흡, 한 걸음 속에서 부처님의 길은 언제나 열려 있습니다.

3.
선 수행과 마음의 본성

선(禪)의 본질—마음은 찾는 대상이 아니다

'선(禪, Dhyāna)'은 문자 그대로 '마음이 고요히 머무는 상태'를 뜻합니다.

그러나 선이 단순한 정(靜)의 상태라면, 그것은 명상이 아닙니다. 진정한 선은 고요함 속에서 깨어 있음이 함께 있는 상태입니다.

부처님은 보리수 아래에서 '모든 법은 인연으로 일어나고, 인연으로 사라진다'는 통찰을 얻으셨습니다. 그 깨달음의 순간, 부처님은 '무엇인가를 얻은' 것이 아니라, 본래부터 있던 마음의 자리를 확인하신 것이었습니다.

"하늘과 땅과 나의 모든 존재는 이미 깨달아 있었다."

《대승기신론(大乘起信論)》

우리가 수행을 통해 찾아야 하는 것은 새로운 마음이 아닙니다. 이미 우리 안에 있는 본래면목(本來面目). 즉, 어떠한 생각과 감정 이전의 '순수한 알아차림'입니다.

이 깨달음은 어떤 신비적 체험이 아니라, 일상의 사소한 순간에서도 일어납니다. 한 컵의 차를 마시며, 걸음을 내디디며, 숨을 들이쉬는 바로 그 순간, '생각하지 않아도 존재하는 나'를 자각할 수 있습니다.

돈오(頓悟)와 점수(漸修)—한순간의 깨달음과 평생의 닦음

선의 세계에서 가장 자주 논의되는 주제 중 하나가 바로 '돈오(頓悟, sudden awakening)'와 '점수(漸修, gradual cultivation)'입니다.

(1) 돈오—한순간의 깨달음

'돈오'란 깨달음이 점진적으로 쌓여가는 것이 아니라, 찰나의 통찰로 단박에 일어날 수 있음을 뜻합니다.

육조 혜능(慧能)은 이를 다음과 같이 표현했습니다.

"깨닫는 순간, 번뇌가 곧 보리요, 중생이 곧 부처다."

《육조단경(六祖壇經)》

이 말은 '번뇌를 없애야 부처가 된다'가 아니라, 번뇌를 바로 보았을 때 그것이 곧 깨달음임을 뜻합니다. 즉, 악을 선으로 바꾸는 것이 아니라, 분별을 초월하여 그 모든 것을 있는 그대로 보는 눈이 열리는 것입니다.

(2) 점수—깨달음 이후의 닦음

하지만 혜능 또한 강조했습니다.

"비록 깨달음은 순간이나, 닦음은 평생이다."

돈오가 번개처럼 마음을 여는 순간이라면, 점수는 그 빛이 일상의 구석구석에 스며드는 과정입니다. 깨달음은 단번에 올 수 있지만, 그 깨달음을 삶 속에서 실현하는 일은 오랜 닦음이 필요합니다.

그래서 선가에서는 말합니다.

"돈오(頓悟)는 땅을 보고, 점수(漸修)는 밭을 가는 일이다."

한순간의 깨달음이 씨앗이라면, 점진적 수행은 그 씨앗이 싹트고 자라 꽃피게 하는 과정입니다.

무심(無心)과 무위(無爲)의 수행

선의 핵심은 '무심(無心)'입니다. 무심이란 '아무 생각도 하지 않는 상태'가 아니라, 생각에 얽매이지 않는 마음을 말합니다.

어떤 생각이 일어나더라도 그것에 휘둘리지 않고, 어떤 감정이 올라와도 그 감정의 노예가 되지 않는 상태, 그것이 바로 무심입니다.

"생각이 일어남을 알아차리되, 그 생각을 따라가지 말라."

《선문염송(禪門拈頌)》

무심의 상태에서는 행위 또한 '무위(無爲)'로 변화합니다. 무위는 '아무것도 하지 않는다'는 뜻이 아니라, 자연의 이치에 따라 행하며, 인위적인 집착이 없는 행동을 말합니다.

이 상태에서 수행자는 '하고자 하는 나'와 '되는 대로의 흐름'이 하나가 됩니다. 숨 쉬는 것, 걷는 것, 말하는 것. 모두 수행이 됩니다.

좌선(坐禪)과 일상 속의 선

좌선(坐禪)은 선 수행의 핵심 방법이지만, 선의 정신은 결코 좌선에만 머물지 않습니다. 좌선은 선의 시작이자 중심이며, 동시에 일상으로 확장되기 위한 기준점입니다.

(1) 좌선의 자세

좌선은 단순히 앉아 있는 행위가 아니라, 몸과 마음이 완전히 하나의 상태로 정렬되는 수행입니다. 겉으로는 고요히 앉아 있지만, 그 안에서는 몸·호흡·의식이 동시에 조율되고 있습니다.

결가부좌나 반가부좌, 평좌(양반다리) 등 어떤 자세도 무방하지만, 척추가 곧고, 호흡이 고르고, 의식이 단전에 안정되어야 합니다.

이에 따라, 들숨과 날숨이 하나의 흐름처럼 이어지고, 그 사이에 '생각 없음'과 '분별 없음'이 자연스럽게 피어날 때, 좌선은 고요한 깨어 있음의 장이 됩니다.

(2) 일상 속의 선

진정한 선은 좌선에서만 머물지 않습니다. 청소할 때, 걷는 길 위에서, 차를 마실 때, 말을 할 때. 모든 순간이 수행의 장이 됩니다.

> "걷는 것이 곧 선(禪)이고, 앉는 것이 곧 선(禪)이다. 말하고 침묵하는 모든 것이 다 도(道)이다."
>
> 《선문염송(禪門拈頌)》

이것이 바로 '생활선(生活禪)'입니다. 즉, 수행은 산 속의 고요한 명상이 아니라, 도심 속 일상 한가운데에서 이루어지는 것입니다.

선의 궁극—분별 이전의 고요

모든 수행의 끝에는 '분별 이전의 고요'가 있습니다. 그 자리는 좋고 나쁨, 옳고 그름, 이익과 손해가 갈라지기 이전의 자리이며, 어떤 판단도 덧붙지 않은 있는 그대로의 상태입니다.

그곳에서는 무엇을 취하거나 버릴 것도 없고, 모든 존재가 이미 완전한 모습으로 머뭅니다.

선에서는 이 자리를 '일심(一心)'이라 부릅니다. 일심이란 하나로 묶인 마음이라는 뜻이 아니라, 나와 세계, 몸과 마음이 나뉘기 이전의 본래 마음을 가리킵니다. 불교에서 말하는 '참나', '진아(眞我)' 역시 이와 같은 자리를 다른 언어로 표현한 것입니다.

이 일심의 자리에서는 '나'와 '대상'이 따로 서 있지 않고, 경험하는 자와 경험되는 것이 하나의 흐름으로 이어집니다. 그래서 수행자는 더 이상 무엇을 얻기 위해 애쓰지 않으며, 이미 그러한 자신을 자각(自覺)하게 됩니다.

이때 깨달음은 특별한 체험으로 덧붙여지는 것이 아니라, 가려졌던 분별이 걷히며 본래의 모습이 드러나는 일입니다. 수행이란 결국 새로운 상태로 변하는 일이 아니라, 항상 거기에 있었던 자리로 돌아오는 과정이라 할 수 있습니다.

선에서는 이를 이렇게 비유합니다.

"산은 본래 산이고, 물은 본래 물이다."

《청원유신(靑原惟信) 선사》

수행 이전에는 산과 물을 분별과 생각으로 바라보지만, 수행의 과정에서는 그 분별이 무너져 산이 산으로 보이지 않기도 합니다. 그러나 분별을 넘어선 자리에서는 다시 산은 산으로, 물은 물로 돌아옵니다.

이처럼 분별 이전의 고요 속에서 다시 일상으로 돌아오는 것, 그 것이 바로 선 수행의 궁극입니다.

맺음말

선 수행은 '새로운 나를 만드는 길이 아니라, 본래의 나로 돌아가는 길입니다.

기(氣)의 흐름이 원활해지면 마음이 고요해지고, 마음이 고요해지면 지혜가 저절로 피어납니다. 그 지혜는 논리의 결과가 아니라, 지금 이 순간을 바로 보는 직관의 빛입니다.

이 빛이 일상의 모든 순간에 스며들 때, 수행자는 세상을 달리 보게 됩니다. 그는 더 이상 세상을 바꾸려 하지 않고, 세상 속에서 자신의 마음을 바르게 세웁니다.

그것이 바로 선(禪)의 진리이며, 수행이 삶이 되는 순간입니다.

4.
명상과 현대인의 삶

현대인의 마음 구조와 불안의 근원

21세기의 인간은 과거 그 어떤 시대보다 많은 정보를 알고 있지만, 정작 자신의 마음에 대해서는 점점 더 무지해지고 있습니다.
끊임없는 자극과 경쟁, 성취의 압박 속에서 우리의 주의는 외부 세계에 빼앗기고, 내면의 중심은 점점 흔들리고 있습니다.

명상은 이러한 '내면의 중심 복원'을 위한 실천입니다.
불교에서는 인간의 고통의 근원을 '탐(貪), 진(瞋), 치(癡)'로 요약합니다. 즉, '원하는 것에 대한 집착', '싫어하는 것에 대한 반발', '있는 그대로를 보지 못하는 무지'가 불안의 근본 원인입니다.

명상은 이 세 가지 독(毒)을 해독합니다.
호흡을 고르게 하고, 생각을 관찰함으로써 마음의 파도가 잔잔해지고, '좋다·싫다'의 분별이 희미해지면 그때 처음으로 자신의 마음을 있는 그대로 바라볼 수 있는 힘이 자라납니다.

"바람이 멎어야 물이 고요하고, 물이 고요해야 달이 비친다."

《선문염송(禪門拈頌)》

이 말처럼, 명상은 바람을 멎게 하는 일입니다. 즉, 외부의 소리보다 내면의 소리를 들을 줄 아는 연습입니다.

명상이 가져오는 심리적·생리적 변화

현대의 뇌과학과 생리학은 명상의 효과를 구체적으로 입증하고 있습니다.

자기공명영상(MRI)을 활용한 뇌 연구에 따르면, 정기적인 명상은 전전두엽의 활성도를 높이고, 편도체의 반응을 완화시켜 스트레스에 대한 내성을 강화합니다.

- 심리적 효과: 집중력 향상, 불안 감소, 정서 안정, 자기 인식 향상
- 생리적 효과: 심박수 안정, 면역기능 향상, 수면 질 개선, 노화 지연

이러한 변화는 단순히 뇌의 화학적 반응을 넘어, 몸 전체의 에너지 흐름(氣의 순환)과 맞닿아 있습니다. 몸이 풀리면 호흡이 고르

고, 호흡이 고르면 마음이 고요해지며, 마음이 고요해지면 몸의 세포 하나하나가 조화롭게 진동합니다.

즉, 명상은 심신이 서로를 되살리는 순환 구조를 회복시키는 과정입니다.

관계와 직장 속의 명상—"삶의 수행화"

현대인의 고통은 대부분 관계에서 비롯됩니다. 가족, 직장, 사회 속에서 우리는 끊임없이 부딪히고 상처받습니다. 이때 명상은 세상을 떠나는 길이 아니라, 세상 속에서 깨어 있게 하는 수행입니다.

(1) 관계에서의 명상

명상은 상대를 바꾸려 하지 않고, 내가 반응하는 방식을 바꾸는 수행입니다. 분노가 올라올 때 즉시 반응하지 않고, 그 분노를 알아차리는 한 호흡의 여유. 그것이 곧 수행입니다.

"상대의 말은 바람처럼 지나가고, 내 마음은 산처럼 움직이지 않는다."

이러한 태도는 관계의 갈등을 부드럽게 바꾸어 줍니다. 내가 고요하면, 내 앞의 사람도 고요해집니다.

명상의 평화는 전염성이 강한 내면의 파동입니다.

(2) 직장에서의 명상

현대 직장은 빠른 판단, 효율, 결과를 요구합니다. 그러나 명상적 사고는 그 속에서 균형과 창조성을 제공합니다. 호흡을 의식하고 한 가지 일에 집중할 때, 두뇌의 잡음이 줄고 창의적 연결이 활발해집니다.

명상은 일을 덜 하기 위한 것이 아니라, 일을 '제대로' 하기 위한 내면의 준비입니다. 즉, 마음을 정제하여 효율을 높이는 가장 자연스러운 방법입니다.

창의성과 치유의 차원에서 본 명상

명상은 단순히 마음을 고요히 하는 기술이 아니라, 새로운 인식이 솟아오르는 토양입니다.

뇌파 연구에 따르면, 깊은 명상 상태에서는 베타(β)파는 감소하고 알파(α)파와 세타(θ)파가 증가하며, 이때 직관과 창의성이 활성화됩니다.

즉, 논리적 사고의 전면에서 한 발 물러난 마음은 '무심'의 자리에서 더 큰 통찰을 떠올립니다.

"생각하지 않음 속에서 가장 큰 생각이 피어난다."

또한 명상은 내면의 상처를 치유하는 힘을 지닙니다. 억눌린 감정이나 미해결된 슬픔이 호흡과 함께 부드럽게 녹아내립니다.

이것은 단순한 심리적 안정이 아니라, 몸의 세포 차원에서 '자가회복(自家回復)'이 일어나는 과정입니다.

명상적 삶의 확립—깨어 있는 하루

명상의 궁극은 수행 시간에 머물지 않습니다. 하루 전체가 '수행의 장(場)'이 되어야 합니다.

아침에는 호흡을 정돈하며 하루의 마음을 세우고, 낮에는 걷기와 일 속에서 깨어 있음을 유지하며, 저녁에는 하루의 감정을 비우고 감사의 마음으로 마무리합니다.

이러한 생활 속 명상은 기수련과도 연결됩니다.

기운이 고르게 흐르면 마음이 고요해지고, 마음이 고요하면 몸의 움직임도 부드러워집니다. 즉, 기와 명상의 통합적 리듬이 하루의 호흡처럼 이어지는 것입니다.

> "깨어 있는 하루는 수행의 하루요, 수행의 하루가 쌓여 깨어 있는 인생
> 이 된다."

명상은 결코 세속을 버리는 길이 아닙니다. 오히려 세속의 소음

속에서 자신의 중심을 잃지 않는 법을 배우는 길입니다.

그 중심이 곧 평화이며, 그 평화가 곧 지혜입니다.

맺음말

현대의 명상은 단순한 휴식이나 자기계발의 수단이 아닙니다. 그 것은 인간이 다시 인간답게 살아가기 위한 근본적 회복의 길입니다.

기(氣)가 생명을 일으키는 숨결이라면, 명상은 그 숨결이 머무는 마음의 자리입니다. 기와 명상이 합쳐질 때, 인간은 비로소 몸과 마음, 삶과 세상을 하나로 꿰뚫어 볼 수 있습니다.

그 깨달음은 멀리 있지 않습니다.

지금 이 순간, 한 호흡 속에 있습니다.

4장

성명쌍수
: 기와 명상의 통합

1.
성(性)과 명(命)의 만남

성(性)과 명(命)의 본래 의미

인간의 존재는 크게 두 가지 축으로 이루어져 있습니다. 하나는 '명(命)'이라 하여, 생명을 유지하는 기(氣)의 작용이며, 다른 하나는 '성(性)'이라 하여, 그 생명을 인도하는 의식과 본성의 작용입니다.

'명(命)'은 하늘이 내려준 생명의 근원이며, '성(性)'은 그 생명을 어떻게 쓰고 살아갈 것인가를 결정하는 정신의 근원입니다.

이 둘은 각각 몸과 마음, 기와 의식, 생리와 영성의 차원에서 대응됩니다.

도가는 말합니다.

"성은 명의 본체요, 명은 성의 작용이다(性者命之體也, 命者性之用也)."

즉, '성'과 '명'은 서로 떨어질 수 없는 관계입니다. 성(性)이 없는 명(命)은 방향을 잃고, 명(命)이 없는 성(性)은 뿌리를 잃습니다.

이 둘이 합쳐져야만 인간은 온전한 존재로 살아갑니다.

고대의 선도에서는 이를 '성명쌍수(性命雙修)'라 하여, '기(氣)를 닦아 생명을 기르고, 정신을 닦아 본성을 회복하는 수행'으로 삼았습니다.

이것은 몸과 마음, 물질과 정신, 생리와 영성이 서로 하나가 되는 길이며, 곧 인간이 '자연과 합일(合一)'하는 깨달음의 길입니다.

도가의 관점―명에서 성으로 오르는 길

도가의 수행은 대체로 명(命)의 수련에서 출발합니다. 즉, 몸과 호흡을 다스리고, 기를 순환시켜 생명을 조화시키는 데서 시작합니다.

호흡을 고르게 하면 몸의 긴장이 풀리고, 몸이 안정되면 마음이 고요해집니다.

이것이 바로 명(命)을 닦아 성(性)에 이르는 길입니다.

《노자》는 이렇게 말합니다.

"마음을 비우고, 배를 채워라(虛其心, 實其腹)."

'허심(虛心)'은 마음을 비워 번뇌를 줄이는 일이고, '실복(實腹)'은 하단전을 채워 생명의 근본을 기르는 일입니다. 즉, 정신과 생명을 동시에 닦되, 우선 몸과 기에서 출발하라는 뜻입니다.

도가의 기수련은 결코 단순한 호흡 운동이 아닙니다. 하늘과 땅의 기운을 받아들이고, 인체의 단전(丹田)을 중심으로 기를 순환시켜 생명 에너지를 정화하고 강화하는 길입니다.

이 과정을 통해 수행자는 '기(氣)의 맑음 속에서 마음의 밝음'을 깨닫게 됩니다.

불가의 관점—성에서 명으로 내려오는 길

반대로 불교의 명상은 성(性)에서 명(命)으로 내려오는 길이라 할 수 있습니다. 즉, 마음의 근원을 관찰하고, 번뇌의 실체를 통찰함으로써 그 깨달음이 몸과 삶에 스며드는 방향으로 나아갑니다.

《유마경》에는 다음과 같은 구절이 있습니다.

"마음이 맑으면 그 사는 땅도 맑다(若心淨則佛土淨)."

불교의 명상은 '마음'을 정화함으로써, 그 결과로 '몸과 세계'가 맑아지는 길입니다. 이것은 성(性)을 닦아 명(命)을 조화시키는 과정입니다.

사마타(止) 수행으로 고요한 집중을 닦고, 위빠사나(觀) 수행을 통해 마음의 미세한 움직임을 관찰하며, 그 결과로 몸의 긴장과 호흡의 불균형이 저절로 풀려나갑니다. 즉, 마음의 깨달음이 몸의 건강과 기의 흐름을 변화시키는 것입니다.

이처럼 도가의 길은 '몸에서 마음으로', 불가의 길은 '마음에서 몸으로' 향합니다. 그 두 길이 서로 만나 하나가 될 때, 비로소 완전한 수행의 원이 닫히게 됩니다.

성명쌍수의 통합 원리

성명쌍수는 도가와 불가의 길이 만나는 자리이자, 몸과 마음, 기와 정신이 회통하는 '인간 완성의 길'입니다.

도가의 명(命) 수행이 몸을 근본으로 삼는다면, 불가의 성(性) 수행은 마음을 근본으로 삼습니다. 그 두 수행이 서로 보완되고 조화될 때, 하나는 하늘로, 하나는 땅으로 이어지는 '천인합일(天人合一)'의 경지가 열립니다.

고대의 선사들은 이렇게 말했습니다.

"성을 닦으면 명도 닦이고, 명이 원만하면 성도 원만해진다(性修則命亦修, 命圓則性亦圓)."

즉, 성과 명은 따로 닦는 것이 아니라, 서로의 거울로 닦이는 것입니다.

명상 중에 마음이 편안해지면 기운이 고르게 흐르게 되고, 단전호흡이 깊어질수록 생각이 고요해집니다. 그때 수행자는 몸의 이완과 마음의 자각이 동시에 일어나는 경험, 즉 '성명쌍수의 순간'을 맞이하게 됩니다.

이때의 의식은 '나'와 '세계'의 경계를 초월하여 하늘과 땅의 숨결이 내 안에서 함께 숨 쉬는 듯한 감각을 줍니다.

이것이 바로 '도(道)가 나의 몸 안에서 살아나는 순간'입니다.

몸과 마음, 기와 정신의 회통

성명쌍수는 결코 철학적 개념에 머무르지 않습니다. 그것은 삶의 태도이며, 호흡의 방식이며, 존재의 자세입니다.

몸이 불편하면 마음도 흔들리고, 마음이 어지러우면 호흡도 거칠어집니다. 이 둘의 균형을 회복하는 일이 바로 성명쌍수의 핵심입니다.

수련자는 이를 위해 몸에서는 단전호흡으로 기를 모으고, 마음에서는 명상으로 고요히 관(觀)하며, 일상에서는 청정한 행(行)으로 그 기운을 확장합니다.

그리하여 정(精)은 기(氣)를 낳고, 기(氣)는 신(神)을 밝히며, 신은 다시 정을 다스리는 순환이 일어납니다. 이 순환의 완성점이 바로 '성명쌍수', 즉 신체와 정신, 하늘과 인간의 회통입니다.

맺음말

(性)과 명(命)의 길은 두 줄기로 흐르지만, 그 끝은 하나의 바다로 모입니다.

몸은 그릇이고, 마음은 빛입니다.
그릇이 단단해야 빛이 흔들리지 않으며, 빛이 맑아야 그릇이 비로소 제 빛을 드러냅니다.

성명쌍수란 바로 이 두 세계의 만남, 즉 몸을 통해 마음을 알고, 마음을 통해 몸을 비추는 길입니다.
이 통합의 지혜가 오늘날의 혼란한 시대 속에서 우리에게 다시 '조화로운 인간'으로 살아갈 힘을 줄 것입니다.

2.
동양 전통 속의
성명쌍수 사상

도가의 성명관─자연의 도를 체득하는 수행

도가(道家)의 수행은 본래 '자연과 하나 되는 삶'을 지향합니다.

노자와 장자의 사상은 인간의 본성이 이미 자연의 일부이며, 억지나 욕망을 덜어내면 스스로 도(道)에 합일된다고 말합니다.

《노자》 16장은 이렇게 말합니다.

> "비움의 지극함에 이르고 고요함을 돈독히 지키면, 만물이 함께 생겨나
> 는 가운데 나는 그 근본으로 돌아감을 본다(致虛極, 守靜篤, 萬物並作, 吾以
> 觀其復)."

이 구절은 도가 수행의 정수를 드러냅니다.

'허(虛)'는 마음을 비움이요, '정(靜)'은 기를 고요히 가라앉힘입니

다. 이 두 가지가 이루어질 때 성(性)과 명(命)이 조화를 이루어, 하늘과 땅의 기운이 몸과 마음 속에 하나로 통하게 됩니다.

도가에서 성명쌍수란 '기(氣)의 단련을 통해 마음의 본성을 깨닫는 것'이라 할 수 있습니다.

기수련이 몸을 단단히 세우는 과정이라면, 명상수련은 마음을 투명하게 비추는 과정입니다. 이 두 과정은 마치 좌우의 날개처럼 서로를 돕습니다.

선도(仙道)의 체계에서는 이를 보다 구체적으로 다듬어, 정(精)을 단련하여 기(氣)를 만들고, 기를 단련하여 신(神)을 밝히며, 신을 단련하여 허(虛)로 돌아가는 삼단(三段)의 수행 단계로 발전시켰습니다.

이것이 곧 성명쌍수의 실천적 구조입니다.

즉, '명(命)'은 단전의 호흡과 기의 운행으로 닦고, '성(性)'은 그 고요한 가운데서 마음의 본성을 밝히는 것입니다.

도가의 길은 몸에서 시작해 마음으로 들어가며, 그 끝에는 '인간과 자연이 둘이 아닌 경지', 곧 '천인합일(天人合一)'이 있습니다.

불가의 성명관—깨달음을 통한 본성 회복

불교에서 '성명쌍수'라는 말은 직접적으로 쓰이지 않지만, 그 정신은 대승불교 전반에 흐르고 있습니다.

불교의 길은 본래 '성(性)'을 먼저 밝히고, '명(命)'을 그 깨달음 속에서 조화시키는 수행입니다.

《대승기신론》은 이렇게 말합니다.

"모든 중생은 모두 여래장(如來藏)을 지니고 있다(一切衆生, 皆有如來藏)."

여래장은 곧 '본래의 성품', 즉 '성(性)'을 뜻합니다. 모든 사람 안에는 이미 깨달음의 씨앗이 있으므로, 수행이란 새로운 것을 얻는 일이 아니라 본래 있던 '성'을 다시 드러내는 일이라는 것입니다.

이때 불교 수행은 마음의 작용을 철저히 관찰하는 '관(觀)'의 훈련으로 이루어집니다.

사마타(止)는 마음의 흐름을 고요히 멈추게 하는 집중의 수행이며, 위빠사나(觀)는 그 고요 속에서 현상의 진실을 꿰뚫는 통찰의 수행입니다.

이 두 가지는 도가의 명(命)과 성(性)에 대응됩니다. 사마타는 호흡과 신체의 안정, 즉 '명(命)'을 조화시키는 과정이고, 위빠사나는 마음의 본성을 밝히는, 즉 '성(性)'을 드러내는 과정입니다.

결국 사마타와 위빠사나가 함께 이루어질 때, 불교적 성명쌍수가 완성되는 셈입니다.

《출입식경》에서는 호흡의 왕래를 관찰함으로써 몸의 긴장과 마음의 혼란이 모두 가라앉는다고 하였고, 《대념처경》에서는 신(身)·수(受)·심(心)·법(法)을 관찰하여 삶 전체를 명상으로 확장하는 방법을 제시했습니다.

이처럼 불가의 길은 '마음의 깨달음'을 통해 '몸의 조화'를 실현하는 수행 체계입니다.

유가의 성명관—도덕적 완성과 생명의 조화

유가(儒家)는 인간의 삶을 사회와 윤리 속에서 바라봅니다. 그러나 그 바탕에는 역시 성과 명의 일치를 중시하는 철학이 있습니다.

《중용(中庸)》에는 이렇게 기록되어 있습니다.

> "하늘이 부여한 것을 성이라 하고, 그 성을 따르는 것을 도라 하며, 도를 닦는 것을 가르침이라 한다(天命之謂性, 率性之謂道, 修道之謂敎)."

이 구절은 유가의 성명관을 명료하게 드러냅니다. 성(性)은 하늘이 내려준 본성이며, 명(命)은 그 본성을 따라 살아가는 생명의 과정입니다. 즉, 성명쌍수란 단지 개인의 내면 수양이 아니라, 도덕적 삶을 통해 인간 본성을 완성하는 사회적 수행인 것입니다.

유가의 수양법은 '수기치인(修己治人)'의 단계로 전개됩니다. 먼저 자신을 닦고(修己), 그 기운이 가정과 사회로 퍼져서 세상을 조화롭게 만드는 것입니다.

이 또한 몸과 마음, 개인과 공동체의 조화를 중시하는 성명쌍수의 정신과 통합니다.

유가의 수양에서는 기(氣) 또한 중요한 요소로 등장합니다.

맹자는 말합니다.

> **"나는 나의 호연지기를 잘 기른다(吾善養吾浩然之氣)."**

이 '호연지기(浩然之氣)'란 도덕적 기운이자 생명의 기운으로, 정의롭고 바른 마음이 있을 때 스스로 강해지는 생명력입니다. 즉, 유가의 수행은 마음의 도덕적 수련과 몸의 기운을 바로 세우는 기양(氣養)이 함께하는 길입니다.

세 전통의 회통—성명쌍수의 통합적 의미

이 세 전통은 겉으로는 서로 다른 길처럼 보이지만, 그 근원은 '몸과 마음의 조화', '자연과 인간의 합일'이라는 하나의 뿌리로 이어집니다.

전통	성(性)의 방향	명(命)의 방향	목표
도가	마음을 비워 도와 합일	호흡과 기를 닦아 생명 정화	천인합일
불가	본성을 깨달아 해탈	마음의 통찰을 통해 삶의 변화	깨달음(覺)
유가	도덕적 본성 회복	올바른 기운으로 세상 조화	인의예지 완성

이 세 가지는 서로 다른 길이 아니라, 마치 산의 세 사면처럼 한 봉우리로 이어집니다. 그 봉우리가 바로 성명쌍수의 경지, 즉 인간 완성의 통합적 이상입니다.

도가의 수행이 '생명'을 바탕으로 한다면, 불가의 수행은 '의식'을 바탕으로 하며, 유가의 수행은 '삶의 윤리'를 바탕으로 합니다.

이 셋이 합쳐질 때, 수행은 비로소 '삶 전체를 아우르는 온전한 도(道)'로 확장됩니다.

현대적 시사점―동양의 인간학과 현대 심신의학의 만남

오늘날 성명쌍수의 사상은 단지 철학의 영역을 넘어 심리학, 생리학, 의학, 뇌과학의 연구와도 깊게 연결되고 있습니다.

호흡과 마음의 관계, 신체 긴장과 정서 안정의 상호작용, 의식과 신경계의 통합 작용 등은 모두 고대의 성명쌍수가 말한 '정기신(精氣神)의 일체'를 과학적으로 설명해 주고 있습니다.

특히 단전호흡과 명상은 자율신경계의 균형, 스트레스 완화, 집중력 향상, 감정 조절에 효과가 있음이 수많은 연구를 통해 입증되었습니다. 이는 신체 기능의 조절을 넘어, 생명 전체의 리듬과 의식 작용이 하나의 체계로 통합됨을 보여줍니다.

이러한 통합적 변화는 동양 수행 전통에서 말하는 '명(命)'의 조화가 곧 '성(性)'의 자각으로 이어진다는 통찰을 과학이 다시 확인한 것이라 할 수 있습니다.

따라서 오늘날의 성명쌍수는 단순히 고대의 수행법이 아니라, 몸과 마음을 하나의 생명 시스템으로 이해하는 인간학적 통찰로서 현대 심신의학, 통합의학, 심리치유의 근간이 될 수 있습니다.

맺음말

동양의 세 전통은 각기 다른 언어를 사용했지만, 그 모두가 한 가지를 향해 있었습니다. 그것은 바로 '삶의 조화와 완성', 즉 성명쌍수의 길입니다.

도가가 자연의 숨결에서 그 길을 찾았고, 불가는 마음의 광명에서 그 길을 보았으며, 유가는 인간의 덕성 속에서 그 길을 실천했습니다.

오늘날 우리의 수련도 이 세 길이 하나로 합쳐지는 자리에서 다시 시작됩니다. 몸을 닦으며 마음을 알고, 마음을 다스리며 삶을 새롭게 하는 일. 그것이 바로 성명쌍수의 현대적 의미입니다.

3.
현대적 성명쌍수의
실천 가능성

성명쌍수의 현대적 의미—몸과 마음의 회복, 생명의 통합

성명쌍수(性命雙修)는 본래 인간의 '성(性, 마음의 본성)'과 '명(命, 생명의 근원)'을 함께 닦아 '하늘의 도(道)'와 '사람의 삶'을 조화시키는 수행 체계입니다.

그러나 오늘날의 인간은 산업화와 기술 발전 속에서 몸과 마음, 물질과 정신, 자연과 인간의 균형을 잃어버린 채 살아갑니다.

현대적 성명쌍수란, 바로 이 분열된 인간을 다시 하나로 되돌리는 작업입니다.

이 수행은 단지 명상이나 호흡의 기술이 아니라, 삶의 방향을 바로 세우는 존재론적 회복의 길입니다. 몸을 닦는 일(명)과 마음을 비추는 일(성)이 일상 속에서 하나로 이어질 때, 그 사람의 말과 행동, 생각이 자연스럽게 '도(道)'의 흐름과 합해집니다.

"몸이 깨어나면 마음이 밝아지고, 마음이 밝아지면 세상이 달라진다."

《성명쌍수의 핵심 정신》

현대 심신의학에서 본 성명쌍수

현대의학에서도 이제 몸과 마음을 별개의 존재로 보지 않습니다. 최근의 심신의학(psychosomatic medicine), 통합의학(integrative medicine), 그리고 신경과학 기반의 명상 연구는 고대의 성명쌍수 사상을 과학적으로 입증하고 있습니다.

(1) 호흡과 자율신경의 조화

단전호흡은 복부 깊은 곳에서 이루어지는 느리고 고른 호흡으로, 이는 부교감신경을 활성화시켜 심박수와 혈압을 안정시키고 스트레스 호르몬의 분비를 줄여줍니다.

미국 하버드 의대의 연구(2019)에 따르면, 복식호흡을 10분간 지속하면 코르티솔(스트레스 호르몬) 수치가 20~30% 감소하며, 심박수 변이도(HRV)가 향상되어 신체의 회복탄력성이 높아진다고 보고되었습니다.

이는 도가의 "호흡을 고르게 하여 기를 조화시킨다"는 가르침과 일맥상통합니다.

(2) 명상과 뇌의 재구성

명상 수련을 지속하면, 전전두엽(집중과 판단), 해마(기억과 정서 조절), 편도체(공포 반응)의 기능이 재조정된다는 뇌과학 연구가 이미 다수 발표되었습니다.

이것은 곧, 마음의 고요(性)가 신경계의 조화(命)로 이어진다는 과학적 증거이며, 성명쌍수가 단순한 철학이 아니라 생리적 통합의 실제 과정임을 보여줍니다.

(3) 에너지의학과 기(氣)의 재해석

최근 서양의 에너지의학에서도 '기(氣)'를 미세한 생체전기적 진동, 자기장, 생명파동 등으로 이해하려는 시도가 활발합니다.

뇌파(EEG), 심전도(ECG), 피부전도(GSR) 등은 사실상 인체의 '기 흐름'을 과학적으로 시각화한 도구라 할 수 있습니다.

즉, 성명쌍수는 기와 마음, 몸과 의식의 '동시적 조율(mind-energy coherence)'의 이론적 토대가 이미 현대 과학 속에서 재발견되고 있는 셈입니다.

교육과 수련의 장에서의 적용

성명쌍수는 단순한 개인 수련을 넘어 교육, 상담, 심리치유, 조직 문화에도 응용될 수 있습니다.

(1) 청소년과 학교 교육

과도한 경쟁과 불안 속에서 성장하는 학생들에게 호흡과 마음챙김 명상을 지도하면, 집중력과 정서 안정이 향상되고 자기인식이 깊어진다는 연구가 많습니다.

이는 '명'을 안정시키고 '성'을 밝히는 실제적 효과입니다.

예를 들어, 아침 5분간의 단전호흡, 수업 전 3분간의 마음 비우기, 자기 성찰 일기 쓰기 등은 현대적 성명쌍수의 간단한 실천형태가 될 수 있습니다.

(2) 조직과 사회 속의 수련

직장과 공동체 안에서도 '호흡을 고르게 하고, 마음을 투명히 하는' 문화가 확산된다면, 스트레스와 갈등이 줄어들고 협력적 에너지가 증가합니다.

성명쌍수의 원리는 '내가 편안해야 너도 편안하다'는 상호의존적 관계의 원리입니다. 한 개인의 기운이 고요히 정제될 때, 그 파동은 주변을 안정시키는 공명 효과를 만들어냅니다.

현대 수행과 치유 프로그램으로서의 성명쌍수

(1) 단계적 수련 체계

현대적으로 적용된 성명쌍수 수행은 다음 네 단계로 나눌 수 있습니다.

단계	수련 초점	주요 방법
1단계	몸의 안정(명)	전신조타, 기체조, 단전호흡
2단계	마음의 안정(성)	집중명상, 통찰명상
3단계	성·명의 통합	호흡-의식 일치, 단전집중
4단계	생활 속 수행	걷기명상, 대화 속 마음챙김, 수면 전 명상

이 구조는 제5부의 통합 실전 수련법에서 자세히 구체화되며, 초심자도 일상에서 그대로 따라할 수 있도록 안내됩니다.

(2) 치유적 측면

성명쌍수의 수련은 우울, 불안, 만성피로, 불면, 공황 등 현대인의 주요 심신 증상 완화에 효과적입니다. 특히, 단전호흡과 명상 병행은 심리적 안정과 체력 회복을 동시에 돕는 자생 치유법입니다.

윤리와 생명의 철학—인간 완성으로서의 성명쌍수

성명쌍수의 궁극적 목적은 단지 건강이 아니라, 인간 완성입니다. '성(性)'이 밝아진다는 것은 마음이 바르고, '명(命)'이 조화된다는 것은 삶이 균형 잡힌다는 뜻입니다. 결국 이 둘이 합해질 때, 한 사람의 존재는 주변과 세계를 따뜻하게 비춥니다.

동양의 전통에서는 이를 '성인의 길(聖人之道)'이라 불렀고, 현대적으로는 '자기실현(self-actualization)'이라고 할 수 있습니다.

성명쌍수의 윤리는 다음의 세 가지로 요약됩니다.

이 세 가지는 수행자가 단전호흡과 명상수행을 통해 몸과 마음을 닦아가는 과정에서 자연스럽게 깃드는 삶의 태도이자, 성명쌍수가 지향하는 인간 완성의 방향입니다.

(1) 몸을 해치지 않음—생명을 공경하는 태도

몸은 성명(性命)의 토대이며, 기와 마음이 깃드는 바탕입니다. 따라서, 성명쌍수에서 첫 번째 윤리는 자신의 몸을 상하게 하지 않는 것, 즉 생명 자체를 소중히 여기는 태도입니다.

과로, 폭음, 탐식, 무절제한 생활 등을 멀리하며 몸의 자연스러운 리듬을 따르고 조화롭게 유지하는 것이 핵심입니다.

이는 단순한 건강 관리가 아니라, 우주가 내게 맡긴 생명을 정중하게 다루는 수행자의 기본 예법입니다.

(2) 마음을 어지럽히지 않음—자각적 평정

두 번째 윤리는 마음을 혼란스럽게 하지 않는 것입니다. 집착, 욕망, 분노, 두려움은 마음을 뒤흔들어 기(氣)의 흐름을 막고 수행의 맑음을 흐립니다.

성명쌍수에서 마음을 다스린다는 것은 억지로 감정을 없애려는 것이 아니라 일어나는 대로 있는 그대로 알아차리고 흘려보내는 자각적 평정을 뜻합니다.

마음이 고요해질수록 기는 자연히 단전에 모이고, 이는 다시 마음을 안정시키는 선순환을 만들어 냅니다.

(3) 세상을 이롭게 함—공심(公心)과 도심(道心)의 회복

마지막 윤리는 세상을 이롭게 하는 삶의 태도입니다. 성명쌍수는 개인의 건강과 깨달음에 머무르지 않고, 깨달음이 삶 속에서 '행(行)'으로 실현되기를 강조합니다.

몸이 건강해지고 마음이 맑아지면, 자연스럽게 '타인을 배려하는 마음(公心)'과 세상과 조화를 이루고자 하는 '도심(道心)'이 살아납니다.

이는 거창한 봉사가 아니라, 말 한마디, 행동 하나에서 따뜻함과 믿음을 주는 것에서 시작됩니다. 수행자는 일상 속에서 작은 선행을 실천함으로써, 자신의 성명(性命)을 넓은 세계와 연결시키게 됩니다.

결국 성명쌍수의 윤리는 몸을 해치지 않고, 마음을 어지럽히지 않으며, 세상과 더불어 이롭게 살아가는 삶의 실천 지침입니다.

고대 도인들이 말한 "도가 생활이 되고, 생활이 곧 도가 된다"는 말은 바로 이러한 삶을 일컫는 것입니다.

맺음말

성명쌍수는 과거의 유물이 아닙니다. 그것은 오늘날 인간이 잃어버린 통합의 언어이며, 몸·마음·생명을 하나의 전체로 되돌리는 회복의 철학입니다.

우리가 매일 호흡을 관찰하고, 한 걸음의 발자국을 의식하며, 한 순간의 감정을 고요히 바라볼 때. 그것이 곧 현대적 성명쌍수의 시작입니다.

"성은 마음의 빛이고, 명은 생명의 숨결이다. 이 빛과 숨이 서로 통할 때, 인간은 비로소 하늘과 하나가 된다."

4.
몸과 마음 통합의 길 위에서

성명쌍수의 완성은 '삶 속의 수행'

수행이란 산중의 고행만을 뜻하지 않습니다. 하루의 호흡 하나,
식사 한 번, 한마디 말 속에도 도(道)는 깃들어 있습니다.

성명쌍수의 궁극은 몸과 마음의 통합된 상태로 살아가는 삶 그
자체입니다.

하루의 시작에 깊은 호흡으로 몸의 기를 일깨우고, 일하는 순간
에도 마음이 흔들리지 않게 중심을 유지하며, 타인과 마주할 때에
는 공심(公心)과 자비심으로 대한다면 그것이 바로 '도(道)의 일상화',
즉 성명쌍수의 생활 수행입니다.

"수행은 절이나 산속이 아니라, 밥 짓고 말하고 숨 쉬는 일상에 있다."

몸과 마음을 가꾸는 것은 결국 자신의 삶을 돌보는 일이며, 그것이 바로 천지의 이치와 조화를 이루는 첫걸음입니다.

몸의 통합—기(氣)의 중심을 세우는 일

몸의 통합은 '하단전(下丹田)'을 중심으로 이루어집니다. 단전은 단순한 신체 부위가 아니라, 우리 생명의 불씨가 머무는 내면의 중심입니다.

호흡이 단전에서 이루어지면 흩어진 기운이 다시 모이고, 긴장된 근육과 신경이 부드럽게 풀립니다.
단전호흡을 익힌 사람의 자세는 곧고, 움직임은 유연하며, 그 눈빛에는 안정된 중심이 드러납니다.

이것이 바로 명(命)을 다스리는 첫걸음입니다.
기혈이 순환되고, 체온이 따뜻하게 유지되며, 몸의 내적 리듬이 자연과 조화를 이루는 상태. 이것이 성명쌍수의 기초입니다.

마음의 통합—성(性)의 광명을 드러내는 일

마음의 통합은 '자각(覺)'과 '자비(慈悲)'의 회복입니다. 명상은 단순히 고요한 좌선이 아니라, 매 순간 자신을 비추는 거울의 훈련입니다.

생각이 일어남을 알아차리고, 감정이 흔들릴 때 그 뿌리를 바라보며, 타인을 판단하기 전에 자기 마음의 결을 살피는 일, 이것이 '성'을 닦는 과정입니다.

맑은 거울처럼 마음을 비우는 것을 도가에서는 '무위(無爲)', 불가에서는 '무아(無我)', 유가에서는 '성(誠)'이라 불렀습니다.

결국 그 뜻은 같습니다.

억지로 애쓰지 않고, 있는 그대로의 마음을 지켜보는 것, 그 안에서 본래의 밝음이 스스로 드러나는 것. 이것이 마음의 통합이며, 성의 회복입니다.

성과 명의 만남—몸과 마음이 하나 되는 순간

성(性)과 명(命)은 마치 두 개의 강처럼 따로 흘러가지만, 결국 한 바다에서 만나 하나가 됩니다. 몸이 고요해질수록 마음이 밝아지고, 마음이 밝아질수록 호흡이 길어집니다.

이 두 흐름이 맞닿는 자리, 그곳이 바로 '하단전(下丹田)'이며, '성명쌍수'가 이루어지는 생명의 교차점입니다.

단전에 의식을 집중하는 습관은 기의 원활한 흐름과 마음의 평온을 동시에 이루는 효과적인 방법입니다. 단전의 따뜻한 감각과 마음의 고요함이 서로 맞물려 깊은 안정감을 줄 때,그 사람의 존재는 이미 '수행' 그 자체가 됩니다.

그의 말에는 기가 깃들고, 그의 숨에는 도의 향기가 배어납니다.

이때의 수련은 '노력'이 아니라 '자연'이 됩니다. '도'는 더 이상 밖에서 구할 대상이 아니라, 자신 안에서 쉬는 '본래의 자리'로 돌아오는 일입니다.

성명쌍수의 삶—수행과 일상의 일치

성명쌍수의 이상은 '수행이 곧 삶'이라는 통합적 깨달음입니다. 즉, 기수련이나 명상수련을 할 때뿐만 아니라 일상 속의 모든 행위가 수행이 되는 것입니다.

그러기 위해서는 항상 하단전(下丹田)에 의식을 두는 즉, 의수단전(意守丹田)하는 습관을 가져야 합니다. 의식을 단전에 두는 것은 진기의 발생과 기의 원활한 흐름을 도모하고, 마음의 고요와 깨어 있음을 동시에 이룰 수 있는 효과적인 방법입니다.

또한, 우리의 감각과 사고의 뿌리를 무심(無心)의 자리인 단전에 두도록 해야 합니다. 그래서, 항상 단전을 통해 보고, 듣고, 생각하고, 말하고, 행동하는 습관을 가져야 합니다.
그러면, 치우치지 않게 보고 듣게 될 것이며, 올바르게 생각하고 말하고 행동하게 될 것입니다.
이러한 일상의 깨어 있음이야말로 성명쌍수의 진정한 완성입니다.

현대적 실천을 위한 길잡이

오늘날의 수행자는 과거의 도인처럼 산중에 은거하지 않습니다. 직장과 가정, 사회 속에서 현실의 문제를 다루면서도 마음의 중심을 지키는 것이 중요합니다.

이를 위해 현대의 성명쌍수 수련은 다음 세 방향으로 구체화될 수 있습니다.

영역	실천 방법	기대 효과
일상 속 호흡	아침, 저녁 규칙적 단전호흡	심신활력 향상, 자율신경 안정
생활 속 명상	일상 생활 속 마음챙김	감정조절, 인간관계 회복
사회적 수행	봉사·공동체 활동	이타심, 공심 회복

이러한 실천을 통해 수행은 개인의 치유를 넘어 타인과 사회의 치유로 확장됩니다. 결국 성명쌍수는 '내적 수련이 외적 삶으로 흐르는 길'입니다.

맺음말

성명쌍수는 우리 존재의 두 바탕인 '성'과 '명'을 함께 닦아 가는 길입니다.

몸의 중심에서 기운이 돌고, 마음의 중심에서 밝음이 일어날 때, 그 두 중심은 하나로 이어져 '삶 전체가 수행'이 되는 자리로 나아갑니다.

이 길 위에서 수행자는 더 이상 하늘과 땅, 인간과 자연, 나와 세계를 분리하여 바라보지 않습니다. 모든 존재가 서로 이어져 살아 있음을 자연스럽게 체험하게 됩니다. 즉, 숨은 각자의 것이면서도 동시에 하나의 큰 흐름 속에서 함께 아루어지고 있음을 깨닫게 됩니다.

"몸은 기의 그릇이고, 마음은 빛의 거울이다. 그릇이 안정되고, 거울이 맑아질 때 우주는 그 안에서 스스로 드러난다."

이러한 성명쌍수의 수행을 일상 속에서 꾸준히 이어 간다면, 우리는 신선처럼 건강한 몸과 부처처럼 평화로운 마음을 함께 길러 갈 수 있을 것입니다.

이 여정은 자신을 깊이 들여다보는 과정이며, 그 끝에서 진정한 자유와 행복을 발견하는 길이 될 것입니다.

5장

통합 실전 수련법
: 기와 명상의 완성

1.
통합 수련의 개요

통합 수련의 필요성

인간의 몸과 마음은 본래 하나였습니다. 그러나 현대인의 삶은 지나친 분주함과 긴장, 그리고 정보의 과잉 속에서 몸과 마음이 서로 단절된 채 살아가고 있습니다.

몸은 의자에 오래 앉아 굳어 있고, 마음은 생각과 감정의 폭풍 속에 흔들립니다. 그 결과 우리는 몸이 피곤하면 마음이 무겁고, 마음이 불안하면 몸이 더 쉽게 병드는 순환에 빠집니다.

이러한 분열을 회복하는 길이 바로 '통합 수련(統合修鍊)'입니다. 즉, 기수련과 명상수련을 함께 닦아 '호흡을 중심으로 몸과 마음이 하나 되는 과정'을 말합니다.

통합 수련은 단순한 운동도, 단순한 명상도 아닙니다. 그것은 몸의 이완, 호흡의 조화, 마음의 고요가 동시에 이루어지는 전인적(全

人的) 수련의 길입니다.

통합 수련의 세 축—몸, 호흡, 마음

모든 수행의 근본에는 세 가지 기둥이 있습니다.

구분	수련 대상	핵심 작용	대표 방법
몸	근육, 관절, 경락	긴장 완화, 기혈 순환	전신조타법, 기체조법
호흡	단전 중심의 숨	기의 생성과 유통	복식호흡, 단전호흡
마음	의식, 감정, 주의	알아차림과 통찰	집중명상, 통찰명상

이 세 요소가 분리되어 있으면 수련은 얕은 효과에 그칩니다. 그러나 하나의 축으로 통합될 때, 비로소 기(氣)는 순환하고, 의식은 맑아지며, 존재 전체가 조화의 리듬으로 돌아갑니다.

통합 수련의 모든 과정은 결국 '호흡'을 매개로 몸과 마음을 이어주는 일입니다. 호흡이 단전을 중심으로 자연스럽게 이어질 때, 몸은 따뜻해지고, 마음은 고요해지며, 생명은 중심을 되찾습니다.

통합 수련의 단계적 구조

통합 수련은 무리 없는 점진적 과정을 중시합니다. 이는 국선도의 단전행공법과 불교의 단계적 선정법을 함께 참고한 체계로, 다음과 같은 순서로 이루어집니다.

(1) 준비운동(몸의 문을 여는 수련)

몸의 관절과 근육을 부드럽게 풀어 기혈이 통하게 하는 단계입니다. 전신조타법과 기체조법을 통해 몸의 긴장을 풀고 중심을 세웁니다.

(2) 기수련(호흡으로 기를 모으고 순환시키는 수련)

단전호흡을 기반으로 기를 단전에 모으고, 소주천(小周天)과 대주천(大周天)의 흐름을 따라 전신에 순환시킵니다.

(3) 명상수련(마음을 고요히 하고 통찰하는 수련)

자연호흡에 따라 의식을 내면으로 돌리고, 자신의 신체 감각, 감정, 생각을 알아차리며 통찰로 나아갑니다.

(4) 정리운동(회복과 회향의 수련)

기운을 단전으로 모아 안정시키고, 수련 후 남은 잔기(殘氣)를 고르게 하여 평온히 마무리하는 단계입니다.

이 네 단계는 '몸→호흡→마음→회향'의 자연스러운 순환 구조를 이루며, 매일의 수련 속에서 작은 깨달음과 깊은 치유를 동시에 경험하게 합니다.

수련의 기본 자세와 좌법

수련 시 자세는 '서는 자세', '앉는 자세', '눕는 자세'가 있지만, 가장 기본적인 자세는 앉는 자세입니다.

수련의 기초는 올바른 자세이며, 잘못된 자세는 기의 흐름을 막고, 바른 자세는 기의 흐름을 돕습니다.

(1) 결가부좌(結跏趺坐)

왼발을 오른 넓적다리 위에, 오른발을 왼 넓적다리 위에 올려 앉는 자세.

몸의 중심이 단단히 고정되어 깊은 호흡에 유리합니다.

(2) 반가부좌(半跏趺坐)

한쪽 발만 반대편 넓적다리 위에 올려 앉는 자세.

대부분의 수련자에게 안정적이며 오래 앉기에 편안합니다.

(3) 평좌(平坐)

양반다리로 앉는 자세.

유연성이 부족한 초심자에게 적합하며, 대신 척추를 곧게 세워야

합니다.

무엇보다 중요한 것은 '허리를 곧게, 어깨를 편안히, 턱을 살짝 당겨' 기의 통로(임맥과 독맥)를 막지 않는 것입니다.

척추가 하늘과 땅을 잇는 기둥이 될 때, 호흡은 자연스럽게 단전으로 내려가게 됩니다.

수련의 시간과 장소

(1) 시간

새벽과 저녁이 가장 좋습니다.

새벽은 기가 맑고 청명한 시간이며, 저녁은 하루의 번뇌를 내려놓고 마음이 고요해지는 때입니다.

(2) 장소

조용하고 통풍이 잘되는 곳, 햇살이 부드럽게 드는 공간이 좋습니다.

바닥은 단단하되, 너무 차갑지 않게 해야 합니다.

(3) 복장

헐렁하고 통기성이 좋은 옷을 입고, 허리와 복부를 조이지 않도록 합니다.

양말, 안경, 손목시계, 반지, 목걸이 등은 벗어놓도록 합니다.

호흡은 공기만의 흐름이 아니라, 마음의 흐름입니다. 따라서, 공간이 안정되고 맑을수록 호흡도 안정되고 맑아집니다.

수련의 마음가짐—부드럽게, 그러나 꾸준히

기와 명상의 수련은 의욕만으로는 이루어지지 않습니다. '빨리 이루고자 하는 마음'은 도리어 기를 막습니다.

수련은 천천히, 그러나 매일 꾸준히 이어질 때 비로소 길이 열립니다.

- 모든 동작과 호흡은 무리하지 말고 몸에 맞게 한다.
- 억지로 몰입하기보다, 자연스러운 흐름 속에서 기를 느껴라.
- 한 달은 몸이 변하고, 두 달은 호흡이 변하며, 세 달은 마음이 변한다.

꾸준함은 모든 수행의 비밀입니다.

매일 같은 시간, 같은 자리에서 호흡을 가다듬는 일. 그것이 통합 수련의 씨앗이자, 깨달음의 싹입니다.

하루 수련의 흐름

일상 속에서 실천할 수 있도록, 하루 수련은 약 1시간 20분을 기준으로 구성됩니다. 수련의 집중도와 체력에 따라 시간은 조정할 수 있으며, 수련시간에 따라 단계별 시간은 적의 조정합니다.

초보자는 30~40분 정도로 시작하여 점차 늘려가는 것이 좋습니다.

단계	내용	소요 시간	중심 의식
준비운동	전신조타법·기체조법	10~15분	몸의 각 부분을 느끼며, 기의 통로를 엶
기수련	단전호흡·기의 순환	30~40분	하단전에 기를 모으고, 전신 순환을 유도
명상수련	집중명상·통찰명상	15~20분	호흡과 마음을 하나로 하여 자각 유지
정리운동	회복·회향법	10~15분	기를 단전에 정착시키고, 고요히 마무리

이 네 단계는 반드시 순서를 지켜야 하며, 각 수련은 다음 단계의 바탕이 됩니다.

맺음말

통합 수련은 몸과 마음을 새롭게 엮어 하나의 생명 전체로 되돌리는 길입니다.

준비운동으로 문을 열고, 기수련으로 중심을 세우며, 명상수련으로 마음을 비추고, 정리운동으로 평화롭게 회향합니다.

그리하여 결국, 몸은 호흡 속에서 깨어나고, 마음은 호흡 속에서 맑아지며, 삶은 호흡 속에서 다시 태어납니다.

2.
준비운동
—몸의 문을 여는 법

준비운동의 의미

몸은 도(道)의 집입니다. 이 집의 문을 제대로 열지 않으면, 그 안으로 아무리 맑은 기운을 들이려 해도 막혀 버립니다.

기수련과 명상수련은 '정(靜)'의 공부로 보이지만, 그 시작은 반드시 '동(動)'에서 출발해야 합니다. 움직임이 고요를 부르고, 고요가 다시 움직임을 다스립니다.

준비운동은 곧 '몸의 문을 여는 의식(儀式)'입니다. 이 과정에서 경락이 풀리고, 근육과 관절의 막힘이 해소되며, 호흡이 점점 깊고 부드럽게 단전으로 내려갑니다.

준비운동의 기본 원칙

(1) 부드러움 속의 집중

힘을 주거나 억지로 움직이지 말고, 몸의 흐름을 따라 부드럽게 풀어 줍니다.

정적인 고요 속에 천천히 골고루 움직여 주는 것이 중요합니다.

(2) 호흡과 함께 움직이기

들숨에는 팽창, 날숨에는 이완이 이루어지도록 합니다.

'동작이 호흡을 이끌고, 호흡이 의식을 이끈다'는 원칙을 잊지 말아야 합니다.

(3) 말단에서 중심으로, 중심에서 전신으로

손끝·발끝 등 말단부에서 시작해 단전 중심으로 돌아오며, 다시 전신으로 기를 유통시킵니다.

(4) 일정한 순서

전신조타법→기체조법→단전 조준법의 순서로 진행하면 가장 효과적입니다.

전신조타법(全身調打法)—기의 길을 여는 두드림

전신조타법은 '두드림으로 몸의 문을 여는 수련'입니다. 손끝, 손바닥, 주먹, 손날을 번갈아 사용하여 전신의 기혈순환을 촉진합니다.

단순히 때리거나 자극하는 것이 아니라, 몸 속 깊은 곳의 기운을 '깨운다'는 마음으로 진행해야 합니다.

(1) 조타의 순서와 방법

1) 머리 조타

① 손끝으로 정수리(백회)부터 측두·후두까지 부드럽게 두드립니다.

② 30~50회 반복. 머리가 맑아지고 눈이 밝아지는 느낌이 듭니다.

2) 얼굴·목 조타

① 손끝으로 이마→광대→턱선→목 앞뒤를 20~30회 두드립니다.

② 턱을 너무 세게 치지 않도록 주의합니다.

3) 어깨·등 조타

① 손바닥이나 주먹으로 어깨와 견갑 사이를 두드립니다.

② '무겁던 짐이 풀린다'는 마음으로 호흡을 고릅니다.

4) 팔 조타

① 겨드랑이에서 손끝까지 팔 안쪽으로 내려가며, 손끝에서 팔 바깥쪽으로 어깨까지 올라오며 두드립니다.

② 양쪽 2회 왕복. 혈이 순환하며 손끝이 따뜻해집니다.

5) 흉곽·옆구리 조타

① 흉골, 명치, 옆구리를 부드럽게 두드립니다.

② 강하게 치지 말고 '살며시 울리듯' 합니다.

6) 복부·단전 조타

① 양손으로 아랫배를 30~100회 가볍게 두드립니다.

② 하단전(배꼽에서 손가락 세 마디 아래 안쪽)에 집중하여, 따뜻하고 묵직한 중심을 느껴봅니다.

7) 요·천골 조타

허리를 굽혀 손바닥으로 허리 뒤쪽, 신장 부위, 천골 부위를 30회 가볍게 두드립니다.

8) 다리 조타

① 다리 바깥 쪽으로 허벅지→무릎→정강이→발등 순서로 내려가고, 다리 안쪽으로 종아리→허벅지를 거쳐 다시 올라오며 두드립니다.

② 각 2회 왕복. 다리에 열감이 돌면 성공입니다.

9) 발바닥 조타

① 앉아서 왼쪽 발등이 오른 다리 무릎에 얹히도록 하고, 오른손으로 왼쪽 발목을 잡습니다.

② 왼손은 주먹을 가볍게 말아쥐고 왼쪽 발바닥의 움푹 파인 곳(용천혈)을 고루 두드립니다.

③ 같은 요령으로 오른발의 발바닥을 두드립니다.

10) 전신 털기

① 가볍게 팔·다리를 흔들며 몸 전체를 20~30초간 털어냅니다.

② 몸 안의 묵은 기운이 빠져나가고 새로운 기운이 들어오는 것을 느낍니다.

(2) 주의사항

- 편안히 긴장을 풀고 경직된 곳을 고루 자극을 주며 풀어줍니다.
- 통증이나 멍이 생길 정도로 무리하게 두드리지 않습니다.
- 현대인은 긴장과 스트레스로 임맥이 막힌 경우가 많으므로, 복부와 흉부는 이를 '풀어준다'는 생각으로 부드럽게 자극합니다.

기체조법(氣體操法)—호흡과 함께하는 기순환 체조

기체조법은 국선도의 기혈순환유통법을 바탕으로 한 동작수련입니다.

호흡과 함께 몸을 움직여 경락을 열고, 근육과 관절을 풀며, 내부의 기가 자연스럽게 흐르도록 돕습니다.

(1) 기체조법 기본수칙

- 호흡 시에는 코만 사용하여 마시고 내쉬고 한다.
- 동작 시 숨을 마시고 멈춘 상태에서 움직이고 토하면서 원위치 한다.
- 매 동작마다 마음으로 기운을 보내야 한다.
- 서는 동작 시 발은 11자형으로 놓는다.
- 바닥을 짚을 때는 언제나 손가락만 사용한다.
- 몸을 틀 때 반대방향의 무릎이나 엉덩이가 들리지 않도록 한다.
- 대체로 왼쪽 방향과 왼쪽을 먼저 움직이고 다음에 오른쪽을 한다.

(2) 기체조법 기본동작(예시)

1) 기지개 켜기

【동작 요령】

① 양발 11자로 어깨넓이만큼 벌려 선다.
② 아랫배로 숨을 깊게 마시고 멈추며, 단전의 기운을 양팔과 다리로 보낸다는 생각으로 팔을 뻗어 올린다.
③ 기운이 손·발끝으로 갈 때 턱은

당기고, 상체를 뒤로 살며시 젖혀 기지개를 켠다.

④ 상체 그대로 허리만 굽혀 앞으로 숙이며 고개는 든다.

⑤ 무릎은 구부림 없이 바짝 숙였다가 일어서며 숨을 내쉰다.

⑥ ①~⑤를 3회 반복한다.

【주의할 점】

① 양손 뻗어 뒤로 젖힐 때 척추 마디마디가 늘어나는 듯한 기분
과 함께

② 양 손끝, 발끝까지 단전의 기운이 퍼지는 느낌을 가지며 한다.

2) 허리 돌리기

【동작 요령】

① 양손 바닥을 허리에 대고 숨을
마시고 멈춘 상태에서, 좌로 3회
를 돌리고 숨을 내쉰다.

② 같은 요령으로 우로 3회 돌리고
숨을 내쉰다.

【주의할 점】

① 발과 머리를 축으로, 나머지 몸
통이 돌아가는 느낌으로 한다.

② 무릎이 구부러지지 않도록 하여
야 한다.

3) 다리 좌우로 벌리고 몸통 틀기

【동작 요령】

① 양발 좌우로 넓게 벌리고 앉아, 허벅지 부위의 각 혈 점을 누르거나 손바닥으로 두드려준다.

② 하체는 그대로 두고 상체를 좌로 틀어 양손가락을 짚으며 시선도 멀리 본다.

③ 다시 우로 틀어주어 좌우 반복 틀기를 2회 한다.

【주의할 점】

① 상체를 펴는 느낌으로 틀어주어야 한다.

② 몸 트는 반대쪽 엉덩이가 들리지 않도록 주의한다.

③ 시선은 아래를 보지 말며 가급적 먼 곳을 바라본다.

4) 양발 벌려 상체 숙이기

【동작 요령】

① 3번과 같이 하체는 그대로 두고 숨을 마시고 멈추며 앞으로 숙인다.

② 손은 발목이나 무릎 부위를 본인의 유연성에 맞추어 잡고 숙인다.

③ 허리 세우며 숨을 토한다.

【주의할 점】

① 절대 무리하여 숙이면 안 된다.

② 가급적 숙일 때 머리를 든다.

③ 유연해질수록 이마, 턱, 가슴, 배, 단전이 바닥에 닿도록 노력한다.

5) 발 벌려 몸통 들기

【동작 요령】

① 4번 자세 후 연이어 상체를 뒤로 젖혀 손가락으로 바닥을 짚는다.

② 동시에 엉덩이를 높이 들어 좌우로 하체를 움직여 고관절을 풀어준다.

③ 마지막으로 단전을 높이 밀어 올리고 숨을 내쉬며 원위치 한다.

④ 4번, 5번 동작을 연이어 2회 반복한다.

【주의할 점】

① 뒤로 손을 짚을 때 턱을 당겨 머리를 지면에 수직이 되도록 한다.

② 단전을 밀어 올릴 때 손가락에 힘을 주며, 발끝과 손끝으로부터 기운이 단전으로 모인다는 느낌으로 밀어 올린다.

6) 무릎 누르기

【동작 요령】

① 양발바닥 마주대고 앉아 손은 양 무릎에 얹는다.

② 양손으로 무릎을 눌렀다가 양 무릎 모으고, 다시 무릎을 누르며 벌렸다가 다시 모은다.

③ 이를 3~4회 반복한다.

【주의할 점】

① 양 무릎을 누를 때 가슴도 같이 벌린다.

② 앞으로 숙일 때 머리를 든다.

7) 발 당겨 앞으로 숙이기

【동작 요령】

① 양발바닥을 마주대고 양손으로 양 발가락을 감싸고, 다리를
　안쪽으로 바짝 끌어당긴다.

② 숨을 마시고 멈추며 머리를 들고 상체를 앞으로 숙인다.

③ 숨을 토하며 허리를 편다.

④ 같은 요령으로 고개를 왼쪽으로 틀어 숙였다 일어나고

⑤ 같은 요령으로 고개를 오른쪽으로 틀어 숙였다 일어난다.

⑥ ①~⑤를 2회 반복한다.

【주의할 점】

① 척추를 쭉 펴고 숙인다.

② 숙일 때 단전, 배, 가슴, 턱의 순서로 바닥에 닿는 기분으로 숙
　인다.

8) 상체 앞으로 숙였다 허리틀기

【동작 요령】

① 다리를 모아 쭉 편 다음, 목뒤로 깍지를 끼어 잡는다.

② 상체를 세워 바싹 숙였다가, 허리 세우며 좌측으로 튼다.

③ 다시 상체를 숙였다가, 허리를 세우며 이번엔 우측으로 튼다.

④ 이를 2회 반복한다.

【주의할 점】

① 발끝을 바싹 세워 자세를 잡고, 숙일 때 무릎이 들리지 않도록 한다.

② 상체를 숙일 때 머리를 세워야 한다.

③ 탄력으로 숙이지 말고 호흡에 맞추어 천천히 숙었다 편다.

9) 등 구르기

【동작 요령】

① 양발 모아 무릎 굽혀 세우고, 양 손 마주 잡고 무릎 아래를 감싸 안는다.

② 상체를 뒤로 넘겨 어깨가 바닥에 닿게 하였다가 다시 세운다.

③ 이를 5회 정도 한다.

【주의할 점】

① 가급적 척추를 동그랗게 하여 자극이 고루 가도록 한다.

② 몸이 유연해질수록 발을 뒤로 넘겨 발가락이 바닥에 닿도록 유도한다.

10) 목 운동

【동작 요령】

① 양손을 옆구리에 대고 발가락을 눌러 무릎 꿇고 앉는다.

② 목을 앞과 뒤로 크게 4회 움직여 준다.

③ 목을 좌와 우로 움직인다. 4회 반복한다.

④ 마치 귀를 어깨에 붙이듯 좌우로 움직여 준다. 4회 반복한다.

⑤ 목을 좌로 3회 돌리고, 다시 우로 3회 돌려준다.

【주의할 점】

① 눈을 크게 뜨고 눈동자도 같이 움직여야 한다.

② 반드시 호흡에 맞추어야 하며, 목을 길게 뽑듯이 하여 자극을 준다.

③ 무릎이 벌어지지 않도록 한다.

11) 양손 벌려 가슴 펴기

【동작 요령】

① 하체 그대로 두고 양손을 어깨 수평으로 뻗어 손바닥을 대었
   다가 손바닥을 활짝 벌린다.

② 그대로 양팔을 좌우로 활짝 폈다 모은다.

③ ①과 ②의 과정을 3회 반복한다.

④ 똑같은 요령으로 양 손등 대고, 양 엄지손가락 대고, 양 새끼
   손가락 대고 좌우로 팔을 크게 벌렸다 오므르기를 각각 3회
   한다.

【주의할 점】

① 마음으로 손끝까지 기운을 보내면서 한다.

② 어깨와 팔은 수평을 정확히 유지하는 것에 주의한다.

③ 너무 빠르지 않도록 알맞은 속도로 한다.

12) 어깨 돌리기

【동작 요령】

① 앞의 자세 그대로 유지하여 양팔만 구부려 손을 어깨에 닿게
한다.
② 팔을 앞으로 3~4회 크게 돌려 어깨가 풀리도록 한 다음, 뒤로
3~4회 돌려준다.

【주의할 점】

① 손이 가급적 어깨와 떨어지지 않게 하며 돌린다.
② 어깨가 충분히 풀리도록 가급적 크게 돌려준다.

13) 허리 굽혀 몸통 뒤로 젖히기

【동작 요령】

① 발가락을 눌러 무릎 꿇고 앉은 채 엉덩이 들고 허리를 세워 양손을 허리에 댄다.

② 머리를 먼저 뒤로 넘긴다.

③ 그 다음 척추를 동그랗게 말듯이 허리를 뒤로 넘겼다 원위치 한다.

④ 이를 2회 반복한다.

【주의할 점】

① 단전으로 흡지를 반드시 유지하여야 한다.

② 뒤로 넘어갈 때 입을 벌리지 않도록 한다.

③ 절대 무리하지 말고 본인의 몸에 맞추어 한다.

14) 무릎 운동

【동작 요령】

① 양발 모아 서서 상체 굽혀 양손을 무릎 부위에 댄다

② 무릎 굽혀 앉았다 섰다 하기를 3~4회 한다.

③ 무릎을 반쯤 구부리며 손을 무릎에 대고 좌와 우로 3회씩 크게 돌린다.

【주의할 점】

① 앉을 때 뒤꿈치가 들리지 않도록 주의한다.

② 앉을 때 무릎이 벌어지지 않도록 주의한다.

③ 머리는 정면을 응시하며 세운다.

15) 상체 좌우로 흔들기

【동작 요령】

① 양발을 11자로 어깨 넓이로 발을 벌리고, 양손과 어깨 힘을
　빼고 선다.

② 그대로 몸통을 좌우로 틀어주어 몸의 긴장을 푼다.

④ 이를 3~4회 반복한다.

【주의할 점】

① 발은 11자를 유지하여 움직임이 없어야 한다.

② 눈은 트는 쪽으로 양발 뒤꿈치를 보는 듯하며 움직인다.

16) 숨쉬기

【동작 요령】

① 양발을 모으고 양손은 합장 자세로 높이 올려 크게 원을 그리며 숨을 마시고, 양손은 어깨높이에서 서서히 손을 내리며 숨을 내쉰다. 2회 반복한다.

② 양발을 벌리고 양팔을 하단전 쪽에서 모았다가 벌리며 숨을 마시고, 팔을 오므리며 숨을 내쉰다. 2회 반복한다.

【주의할 점】

① 양손을 모아 올릴 때 발뒤꿈치도 같이 들어주고, 팔을 낮출 때 발뒤꿈치를 내린다.

② 양팔을 벌려 숨을 쉴 때는 뒤꿈치는 들지 않는다. 다만, 하단전을 약간 내밀며 숨쉬기를 한다.

준비운동의 마무리—단전 조준법

모든 준비운동의 끝은 단전에 마음을 모으는 일입니다. 준비운
동을 마치고 단전호흡으로 들어가기 앞서, 마음을 가라앉히고 정
신을 통일하기 위하여 하는 정신 또는 의식유도 방법입니다.

- 자세: 결가부좌, 반가부좌 또는 평좌로 앉습니다.
- 손 모양: 두 손을 배 위에 포개어 단전 위에 놓습니다.
- 호흡: 코로 천천히 들이마시며 아랫배가 부풀고, 입으로 부드
  럽게 내쉬며 배가 들어갑니다. 이때 '하단전이 따뜻해지는 느
  낌'에 주의를 둡니다.

이 단전 조준 단계에서, 몸은 이제 기를 받아들일 준비가 됩니
다. 몸의 감각이 깨워지고 호흡이 부드러워질 때, 비로소 단전호흡
과 명상으로 자연스럽게 들어갈 준비가 됩니다.

3.
기수련
―단전호흡과 기의 순환

기수련의 본질

'기(氣)'란 눈에는 보이지 않지만 우리 몸의 생명활동을 유지시키는 근원적 에너지입니다. 숨을 쉬는 것도, 생각하는 것도, 움직이는 것도 모두 기가 작용하기 때문입니다.

기수련의 목적은 단순히 '기를 모으는 것'이 아니라 몸과 마음을 통해 기의 흐름을 자각하고, 그 흐름을 조화롭게 다스리는 것입니다.

기수련은 다음 세 단계로 이루어집니다.
- 기의 생성(生氣)―호흡과 마음의 집중을 통해 기를 만들어 내는 단계
- 기의 축적(蓄氣)―단전에 기를 모으는 단계
- 기의 순환(運氣)―전신을 통해 기를 순환시키는 단계

이 세 단계는 독립된 것이 아니라 하나의 흐름으로 이어지며, '생기·축기·운기'는 끊임없이 순환하면서 몸과 마음을 하나로 통합시킵니다.

단전호흡의 원리

단전호흡은 선도의 근본 수련이자, 모든 기수련의 뿌리입니다.

하단전(下丹田)은 배꼽 아래 약 3촌, 즉 손가락 세 마디 정도 아래의 복부 한가운데에 위치하며, '생명의 불씨'이자 '기의 근원'이 되는 자리입니다.

하단전의 역할은 세 가지로 요약됩니다.
- 저장: 호흡과 마음의 집중을 통해 생성된 기를 모으는 창고
- 전환: 모인 기를 정화·변화시키는 화로(火爐)
- 방출: 정화된 기를 전신으로 보내는 중심

이 단전이 열리면, 기의 축적과 더불어 기가 자연스럽게 전신을 순환하기 시작하고 그 흐름 속에서 마음 또한 점차 고요해집니다.

단전호흡의 실제 수련 절차

단전호흡은 단순한 복식호흡이 아닙니다. 그 안에는 '정(精)·기

(氣)·신(神)'이 동시에 작용하며, 호흡·의식·단전이 한 호흡 안에서 하나로 어우러져야 합니다.

(1) 자세

- 결가부좌 혹은 반가부좌, 평좌 모두 가능하되, 허리를 곧게 세워 척추가 일직선이 되도록 합니다.
- 어깨는 편안히 내려놓고, 턱은 살짝 당깁니다.
- 두 손은 단전 앞에 포개어 놓고, 시선은 수평을 유지한 채 눈을 감습니다.

(2) 호흡의 기본 과정

- 들숨(吸)—코로 천천히 들이마시며, 아랫배가 부풀어 오르는 것을 마음의 눈으로 바라봅니다.
- 지식(止息)—숨을 잠시 멈추며, 단전이 따뜻해지는 느낌을 관찰합니다.
- 날숨(呼)—코로 부드럽게 내쉬며, 아랫배가 수축되는 것을 느낍니다.

초심자는 들숨 5초, 날숨 5초의 리듬으로 호흡을 하되, 들숨과 날숨, 날숨과 들숨 사이에 잠깐 멈춥니다. 즉, 들숨과 날숨, 날숨과 들숨 사이에 경계를 부드럽게 합니다.

이때에 산란한 마음을 다스리고 호흡에 주의를 집중하기 위해서 마음 속으로 호흡에 숫자를 붙이는 수식법(數息法)을 행하면 좋습니다.

요령은 들숨 날숨을 1회하고 난 뒤에 하나, 2회 하고 난 뒤에 둘, 그리고 3회 하고 난 뒤에 셋을 하면서 열까지 세고, 이를 계속 반복하는 것입니다.

(3) 단계별 훈련

- 초기단계: 호흡의 길이를 조절하지 말고, 자연스러운 복식호흡으로 하단전의 존재를 익히는 시기입니다.
- 발전단계: 들숨과 날숨을 동일한 길이로 하다가, 들숨과 날숨 그리고 날숨과 들숨 사이에 지식(止息)을 추가하여 단전에 기를 모읍니다.
- 성숙단계: 들숨·지식·날숨·지식의 균형을 유지하면서, 의식을 단전 안쪽 중심에 집중하여 기가 응축되는 감각을 체득합니다.

단전에 기가 축적되면서 전체 호흡의 길이는 점차 늘어납니다. 동시에, 전체의 호흡에서 상대적으로 들숨과 들숨 후의 지식은 점차 길어지고, 날숨과 날숨 후의 지식은 점차 짧아집니다.

(4) 기 유도법

호흡할 때 의식을 집중하는 방법은 상단전과 중단전의 기운을 하단전으로 내린다는 생각을 하고 마음을 고요히 하단전에 두면 됩니다.

그러나, 이 상태를 계속해서 유지하기 어렵기 때문에 계속 집중하기 위하여 의념, 즉 생각으로 기운을 유도하면서 집중할 필요가 있습니다.

이렇게 호흡하는 동안 기가 쌓이게 되는데, 이러한 기 유도 방법에는 여러 가지가 있으나, 여기에서는 그중에서 대표적인 3가지만 소개하도록 하겠습니다.

1) 꼬리뼈 유도법

초심자에게 가장 쉬운 방법으로, 숨을 마시면서 꼬리뼈에서 맑은 기운이 들어와 단전 부분이 확장되었다가, 숨을 토하며 단전 부분이 수축되면서 꼬리뼈로 탁한 기운이 빠져나간다고 생각합니다.

2) 명문 유도법

숨을 마시면서 명문혈에서 45도 아래 방향으로 맑은 기운이 들어오면서 아랫배가 팽창하였다가, 숨을 토하면서 탁한 기운이 명문혈로 빠져나가며 아랫배가 수축합니다.

이것이 잘 되면, 명문혈에서 들어오는 기를 단전을 중심으로 2~3바퀴 말아줍니다.

3) 백회 유도법

숨을 마시면서 하늘의 기운이 백회혈을 통해 임맥을 타고 단전으로 내려와 2~3바퀴 감기면서 기운이 응축된다는 의념을 두고, 숨을 토하면서 탁한 기운이 꼬리뼈 쪽으로 빠져나간다고 생각합니다.

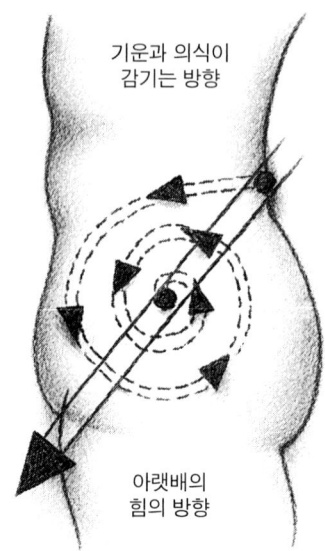

기운과 의식이
감기는 방향

아랫배의
힘의 방향

명문 유도법

백회 유도법

여기에서 공통적으로 주의해야 할 사항이 있습니다.

첫째, 기를 감을 때에 아래로 내려서 등 뒤쪽으로 감아야지 반대로 감으면 안 됩니다.

둘째, 기는 의식(마음)으로 감고 돌려야지 근육이나 몸을 움직이면 안 됩니다.

셋째, 기를 유도할 때에 어제는 잘 되던 것이 오늘은 잘 안 될 수 있으므로, 3가지 방법을 번갈아 해 보는 것이 좋은 방법입니다.

단전행공법

(1) 단전행공의 의의

국선도에서는 '단전호흡'이 단순히 앉아서 하는 호흡이 아니라, '동작과 함께 이루어지는 행공(行功)'으로 발전되었습니다. 즉, 동작과 하단전호흡을 함께 하면서 정·기·신을 통일시키는 단전행공법(丹田行功法)인 것입니다.

이는 고정된 자세에서 기가 머무르거나 정체되지 않도록, 다양한 자세와 움직임 속에서 기를 모으고 순환시키기 위함입니다.

(2) 단전행공의 기본자세(예시)

1) 서서 양손 합장 자세

【동작설명】

    양발은 11자(字)가 되게 하고, 양손을 가슴 부위에 합장하고, 상체는 힘을 빼고 단전호흡한다.

【행공해설】

    심신을 통일하여 고요히 왼손(음)과 오른손(양)을 교차하여, 천지기(天地氣)가 단전 자리에 모여 힘을 만들어 내도록 하는 행공이다.

2) 서서 양손 단전 댄 자세

【동작설명】

서서 합장한 손을 떼지 말고 천천히 그대로 낮춰 단전에 대고, 각각의 엄지와 검지, 중지끼리 서로 끝을 붙인 채로 단전호흡한다.

【행공해설】

단전호흡의 정확성을 확인하며, 손의 감촉으로 단전에 열기(熱氣)를 유통시켜 오장육부를 완화시키는 행공이다.

3) 서서 상체 숙이고 양손 늘어뜨린 자세

【동작설명】

서서히 상체를 앞으로 숙이고, 양손을 축 늘어뜨리고, 고개는 들고 단전호흡한다.

【행공해설】

직립하여 긴장되었던 오장육부를 자연스러운 위치로 전환시키어 단전호흡이 강화되게 하는 행공이다.

4) 서서 상체 젖힌 자세

【동작설명】

　서서히 상체를 뒤로 젖히고, 고개는 앞으로 숙이되 목에 무리한 힘이 들지 않게 하고, 양손은 뒤로 하여 허리에 수직으로 대고 단전호흡한다.

【행공해설】

　발에서부터 은은한 힘이 올라와 항문으로 하여 힘이 아랫배로 밀어주어 단기(丹氣)를 내리는 행공이다.

5) 가부좌 자세로 양손 목뒤 깍지 낀 자세

【동작설명】

가부좌 자세로 양 손을 목 뒤에 깍지 끼고, 머리는 뒤로 미는 듯 손은 앞으로 은은히 당기는 듯하며 단전호흡한다.

【행공해설】

손끝과 장강혈(長强穴)을 통해 기의 흐름을 일으켜 단기(丹氣)작용을 촉진시켜 따뜻한 열기가 생기도록 하며, 목과 손의 기(氣)를 내리려는 행공이다.

6) 양발 앞으로 뻗고 양손 발가락 잡은 자세

【동작설명】

양발 앞으로 모아 뻗고, 양손은 발가락 덮어 잡고, 척추 펴고 고개는 들고 단전호흡한다.

【행공해설】

몸속의 차가운 음수와 따뜻한 양수를 올리고 내려, 단기(丹氣)를 강화시키는 행공으로 손발의 음양작용도 아울러 시도하는 행공이다.

7) 발 벌린 채 상체를 왼쪽으로 튼 자세

【동작설명】

  발 벌린 채 상체를 왼쪽으로 틀되 척추가 좌우로 기울지 않게
하고, 왼손가락으로 바닥 짚고 오른손은 아랫배 오른쪽에 대고 단
전호흡한다.

【행공해설】

  왼쪽의 음적인 기운을 눌러 안정시키고 오른쪽의 양적인 기운을
오르내리게 하여, 단기(丹氣)를 자연스럽게 작용을 시키는 행공이다.

8) 발 벌린 채 상체를 오른쪽으로 튼 자세

【동작설명】

위의 좌법(左法)과 반대 동작

【행공해설】

오른쪽의 양적인 기운을 은은히 눌러, 왼쪽에서 일어나는 단전의 열기를 오르내리게 하여 단기(丹氣)를 자연스럽게 작용하도록 함으로써, 몸 전체의 기흐름을 원활하게 하려는 행공이다.

9) 양발 포개고 앉은 자세

【동작설명】

양발 바짝 포개고, 상체는 앞으로 숙이고, 고개 들고, 숨을 마실 때 양발의 용천혈(湧泉穴)을 각각의 반대쪽 엄지로 은은히 누르며 단전호흡한다.

【행공해설】

하단전과 용천혈의 눌림으로 호흡기관의 기능을 촉진시키며, 단기(丹氣)를 강화하고 단전의 열기를 발생시켜서 단전으로 모으는 행공이다.

10) 가부좌로 앉아 양손 단전에 댄 자세

【동작설명】

편안한 가부좌 자세로 엄지와 검지를 마주대어 아랫배에 대고,
척추와 목을 반듯이 세우고 단전호흡한다.

【행공해설】

단전의 열기를 견고히 모아 음양이 고르고 정돈된 가운데, 화평
(和平)한 단기(丹氣)로 승화하고 깊어지게 하는 행공이다.

기의 감응과 순환

단전에 기가 축적되면서 몸 안에서 여러 가지 현상이 일어납니다. 이는 기가 움직이는 증거이며, 수련의 진전입니다.

- 온열감(溫熱感): 배, 허리, 손발에서 따뜻함이 느껴짐.
- 미세한 진동감: 몸이 살짝 떨리거나 미묘한 파동을 느낌.
- 압박감·팽창감: 단전이나 흉부에서 안으로부터 밀려오는 느낌.
- 기류감(氣流感): 척추나 팔, 다리 안을 따라 기가 흐르는 감각.

이런 감응이 나타날 때 억지로 조절하거나 멈추려 하지 말고, 그저 부드럽게 호흡에 맡기면 자연히 조화됩니다.

기의 순환

(1) 소주천(小周天) 수련

하단전에 어느 정도 축기가 이루어지면 기의 순환을 도모하는데, 소주천은 인체의 두 주요 에너지 통로인 '임맥(任脈)'과 '독맥(督脈)'을 연결하여 유통하는 수련입니다. 즉, 하단전에 모인 기를 척추를 따라 머리까지 올리고, 다시 앞면을 통해 단전으로 내려보내는 순환법입니다.

여기에서 분명히 해야 할 것은 한의학의 임·독맥 노선과 실제 임독유통의 노선이 다르다는 것입니다. 그 이유는 수련이 깊어지게 되었을 때, 뜨거운 기운 덩어리가 얼굴 앞면으로 내리게 되면 얼굴의 여린 신경이 감당하지 못하게 되기 때문입니다.

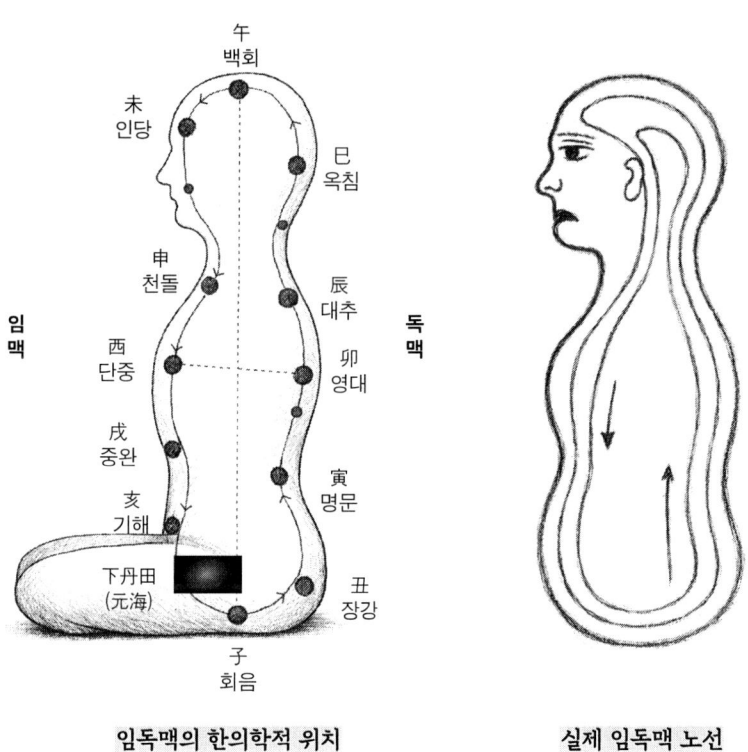

임독맥의 한의학적 위치　　　　**실제 임독맥 노선**

1) 순환 경로

하단전→회음(항문과 생식기 사이)→장강(꼬리뼈)→척추→백회(정수리)→이마→머릿 속→귀 뒤→목(기도 부위)→가슴→단전

2) 수련 방법

① 하단전에 의식을 두고 단전호흡으로 기를 모읍니다.

② 흡지 때 그 기를 두어 번 말아 회음 부분으로 내려 보냈다가, 꼬리뼈를 따라 척추를 오르는 것을 상상합니다.

③ 대추, 아문혈을 지나 백회(정수리)에 닿으면 잠시 머무르며 기의 정화를 느낍니다.

④ 이후 기를 이마 쪽으로 내려, 이마의 정중앙 쯤에서 그대로 안으로 들어갑니다.

⑤ 이마 속에서 귀 뒤로 자연스럽게 포물선을 그리며 목젖 아래로 들어가, 가슴을 지나 단전으로 되돌리며, 서서히 숨을 내쉽니다.

처음에는 기의 감각이 없더라도 상상으로 돌리다보면, 나중에는 미세한 온기나 진동으로 체감이 됩니다.

다만, 축기가 부족한데 많이 돌리게 되면 좋지 않으므로, 단전행공의 마지막 자세인 가부좌 자세에서 1일 1회부터 시작하여 축기가 충실해지는 것에 맞추어 점차 늘려 나가는 것이 좋습니다.

(2) 대주천(大周天) 수련

대주천은 소주천의 순환이 온 몸의 경락으로 확장된 상태입니다. 즉, 기가 전신의 12경맥과 365혈을 따라 흐르며, 기·혈·전신이 일체화된 경지입니다.

이때에도 임독유통시처럼 12경, 365혈을 실제 유통시킬 때에는 한의학상의 경락이론과는 다르다는 것을 먼저 이해를 하고 익혀야 합니다.

소주천의 순환이 어느 정도 임의로워지고 흡지가 길어지면, 단전 행공의 마지막 자세인 가부좌 자세를 하기 전에 반듯하게 누워, 1일 1회부터 시작하여 축기가 충실해지는 것에 맞추어 점차 늘려 나가는 것이 좋습니다.

1) 12경 유통 방법

① 12경을 유통할 때에는 숨을 마시면서 기운을 단전에서 말아주고 마음으로 작은 구슬과 같은 덩어리를 만듭니다.

② 숨을 멈추고 구슬을 꼬리뼈의 장강혈 쪽으로 보내어 구슬을 두 개로 나눕니다.

③ 두 개의 구슬이 다리의 정중앙으로 내려가 발가락까지 갔다가, 다시 다리의 정중앙의 통로를 따라 장강혈로 돌아옵니다.

④ 장강혈에서 합하여 척추의 독맥을 따라 오르다 목 뒤쪽 대추혈 부위에서 양팔로 갈라져 팔 중앙을 따라 손가락까지 내려갔다가 그대로 다시 팔 중앙으로 거슬러 올라 대추혈 부위로 옵니다.

⑤ 대추혈에서는 두 기운 덩어리 구슬이 합쳐져 하나의 구슬로 생각합니다.

⑥ 이 구슬을 임독 유통할 때의 라인 그대로 뒷목으로 하여, 백회-이마-머릿속-귀 뒤-기도 부위-가슴-단전 순으로 내리면 됩니다.

⑦ 단전에서는 보통 호흡할 때와 같이 숨을 토하여 줍니다.

2) 365혈 유통 방법

① 숨을 마시며 단전에서 기운을 감아 덩어리 구슬을 생각합니다.

② 구슬을 왼쪽 다리 정중앙을 따라 내려 보내 발가락까지 보냈다가 다시 다리 정중앙을 거슬러 올려 장강혈로 보냅니다.

③ 장강혈에서 척추 독맥(督脈)을 따라 올라 대추혈로 가서 오른쪽 팔 정중앙으로 손가락까지 갔다가 다시 정중앙으로 거슬러 올라 대추혈로 갑니다.

④ 대추혈에서는 다시 척추 독맥을 따라 밑으로 내려 꼬리뼈 장강혈로 갑니다.

⑤ 장강혈에서 이번에는 오른쪽 다리 정중앙을 따라 발가락까지 갔다가 다시 다리 정중앙으로 거슬러 올라 꼬리뼈로 되돌아옵니다.

⑥ 꼬리뼈에서는 다시 척추 독맥으로 올라가 대추혈로 갑니다.

⑦ 대추혈에서는 왼팔 정중앙으로 따라 손가락까지 갔다가 다시 정중앙으로 거슬러 대추혈로 되돌아옵니다.

⑧ 대추혈에서 이제는 임독유통 때와 같이 뒷목으로 올려 백회를 지나 이마, 머릿속, 귀 뒤, 기도 부위, 가슴을 거쳐 앞으로 내려 단전으로 옵니다.

⑨ 단전에서는 보통 숨을 토할 때와 같이 토하여 줍니다.

※ 365혈 유통을 쉽게 설명하면, 기가 왼쪽 다리-척추-오른쪽 팔-척추-오른쪽 다리-척추-왼쪽 팔-머리-임맥으로 하강, 이런 순이 됩니다.

중요한 것은 12경, 365혈 모두 한 번의 흡지(吸止)에 모두 유통시켜주어야 한다는 것입니다.

생각하기에 따라 긴 라인을 어떻게 한 번에 다 돌리느냐고 반문하실지 모르나, 지(止)가 5초 정도 만 되어도 돌릴 수 있습니다. 우리의 생각을 빨리 해주면 되는 것입니다.

수련 시 유의점

- 식사는 단전행공을 하는 데 무리가 없는 시간 여유를 두고 하며, 대소변도 행공을 하기 앞서 해결하기 바랍니다.
- 술을 과하게 마셨을 때에는 행공을 하지 말고, 몸은 항상 따뜻하게 보호합니다.
- 많은 생각과 말은 내기(內氣)를 상하게 하므로 적게 하기 바랍니다.
- 임맥 등 기의 통로가 열리지 않은 상태에서 무리하게 집중하거나 호흡을 길게 하지 말아야 합니다.
- 새벽 또는 저녁 등 매일 일정한 시간에 수련하는 것이 바람직합니다.

수련의 완성

수련의 완성은 결국 호흡이 하나로 통하는 데 있습니다.

숨이 고요해지면 기가 고요해지고, 기가 고요해지면 마음도 함께 고요해집니다. 이 고요함이 끊어지지 않고 자연스럽게 이어질 때, 수련은 억지 없이 성숙해집니다.

> "호흡이 고요하면 기가 고요하고, 기가 고요하면 마음이 고요하며, 마음이 고요하면 도(道)가 드러난다."

여기서 말하는 호흡은 일부러 숨을 들이쉬거나 내쉬는 것이 아닙니다. 몸과 마음이 하나가 되면서, 숨을 조절하려는 의도 자체가 사라진 상태의 호흡입니다.

이때 숨은 내가 하는 것이 아니라, 스스로 쉬어지는 숨이 됩니다.

이 상태에 이르면 들숨과 날숨의 구분마저 희미해지고, 오직 생명이 이어지는 호흡만이 고요하게 계속됩니다. 애써 힘을 주지 않아도 편안하고, 집중하려 하지 않아도 흐트러지지 않는 깊은 평정의 자리입니다.

이러한 호흡의 통일은 수련 시간에만 머무르지 않습니다. 일상 속에서도 숨은 자연스럽게 깊어지고 안정되며, 마음은 쉽게 흔들리지 않고, 몸과 마음의 움직임이 하나의 리듬으로 조화를 이루게 됩니다.

이때 수련은 더 이상 '따로 하는 행위'가 아닙니다. 삶 그 자체가 수련이 되어, 자연스럽게 이어지는 상태에 이르게 됩니다. 이것이 기수련이 지향하는 완성의 자리입니다.

4.
명상수련
─마음의 고요와 통찰

명상수련의 목적과 방향

명상수련은 기수련 이후에 행하는 마음의 수련입니다.

준비운동과 기수련을 통해 몸이 풀리고 호흡이 고르게 안정되었다면, 명상수련은 그 상태를 바탕으로 마음의 상태를 직접 알아차리는 과정입니다.

명상수련은 어떤 신비한 체험이나 특별한 경지를 목표로 하지 않습니다. 지금 이 순간의 몸, 호흡, 마음이 어떠한 상태에 놓여 있는지를 분명히 아는 것이 목적입니다.

이 알아차림이 깊어질수록, 마음은 자연스럽게 고요해지고 통찰이 일어납니다.

명상 수련은 크게 두 방향으로 나뉩니다.

- 집중명상(사마타, Samatha): 하나의 대상에 마음을 고정시켜 산란함을 가라앉히는 방법
- 통찰명상(위빠사나, Vipassanā): 그 마음의 움직임을 관찰하며 '모든 현상의 실상'을 통찰하는 방법

이 두 명상은 물과 얼음처럼 서로 분리될 수 없습니다. 집중이 충분히 익으면 통찰이 자연히 열리고, 통찰이 깊어지면 집중은 더욱 안정됩니다.

명상수련에 들어가기 전 준비

명상수련은 반드시 몸과 호흡이 어느 정도 안정된 상태에서 시작해야 합니다.

기수련 직후가 가장 적절하며, 몸이 차갑거나 호흡이 거친 상태에서는 먼저 호흡을 고른 뒤 시작합니다.

- 좌법은 결가부좌, 반가부좌, 평좌 중에서 가장 오래 유지할 수 있는 자세를 선택합니다.
- 허리는 자연스럽게 곧게 세우되 힘을 주지 않습니다.
- 어깨와 가슴은 긴장을 풀고, 턱은 살짝 당깁니다.
- 손은 단전 앞에서 가볍게 포개거나, 무릎 위에 자연스럽게 둡니다.
- 눈은 지그시 감고, 완전히 잠들지 않도록 약간의 깨어 있음만 유지합니다.

이 상태에서 몇 차례 자연스러운 호흡을 하며, 지금 몸이 앉아 있고 숨이 들고 난다는 사실을 조용히 느끼는 것으로 명상을 시작합니다.

명상에 들어가기 전, 반드시 다음 세 가지를 점검합니다.
- 몸의 안정—자세가 흐트러지면 마음이 흔들립니다.
- 호흡의 안정—호흡이 고르게 되면 생각도 차분해집니다.
- 의식의 방향—지금 이 순간, 몸과 마음의 상태에 의식을 둡니다.

명상수련의 기본 태도

명상수련에서 가장 중요한 것은 하려 들지 않는 태도입니다. 숨을 조절하려 하지 않고, 마음을 억지로 고요하게 만들려 하지 않습니다.

명상 중에 생각이 떠오르는 것은 자연스러운 일입니다. 중요한 것은 생각이 떠오르지 않게 하는 것이 아니라, 떠오른 생각을 알아차리고 다시 돌아오는 것입니다.

그저 숨이 들어오고 나가는 과정을 있는 그대로 알아차릴 뿐입니다. 호흡의 일어남과 사라짐에 집중해서 마음챙김을 할 때, 우리는 고요히 지금 여기에 깨어 있게 됩니다.

이 때에 산란한 마음을 다스리고 호흡에 주의를 집중하기 위해서 마음 속으로 호흡에 숫자를 붙이는 수식법(數息法)을 행하면 좋습니다.

집중명상(사마타)─마음을 한곳에 모으는 법

명상수련의 첫 단계는 집중명상입니다.
집중명상은 마음을 하나의 대상에 머물게 하여 산란을 가라앉히는 수련입니다.

(1) 호흡 관찰

집중의 대상에는 여러 가지가 있을 수 있으나, 이 장에서는 호흡을 대상으로 합니다. 호흡은 언제나 현재에 있으며, 몸과 마음을 동시에 드러내기 때문입니다.

- 들숨과 날숨이 어떻게 드나드는지를 '바꾸려 하지 않고' 느껴 봅니다.
- 처음에는 공기가 콧구멍을 스치며 들어오고 나가는 감각에, 호흡이 깊어지면 아랫배가 부풀고 가라앉는 느낌에 주의합니다.
- '들이쉰다', '내쉰다'를 마음속으로 가볍게 인식합니다.

들이쉴 때는 "들이쉰다"는 사실을 알고, 내쉴 때는 "내쉰다"는 사실을 압니다. 길고 짧음을 따지지 않고, 좋고 나쁨을 판단하지 않습니다.

이것이 출입식경에서 말하는 출식과 입식을 분명히 아는 수행입니다.

생각이 떠오르면, '생각이 일어났다'고 알아차린 뒤 다시 호흡으로 돌아옵니다. 이 되돌아옴을 수십 번, 수백 번 반복하는 것이 집중명상입니다.

집중명상이 어느 정도 이어지면, 호흡을 따라가던 의식이 점차 호흡과 하나로 이어지는 느낌을 받게 됩니다.

숨을 관찰하는 '나'와 숨의 움직임 사이의 경계가 옅어지고, 호흡이 자연스럽게 이어지며 마음이 차분해집니다.

이 상태에서는 억지로 무엇을 하려 하지 말고, 호흡이 스스로 드나드는 흐름을 그대로 두는 것이 중요합니다.

(2) 마음의 흔들림 다루기

- 생각이 일어나면 '생각'이라고 알아차리고,
- 다시 조용히 호흡으로 마음을 돌립니다.
- 이 과정을 수없이 반복하면서 마음은 점차 고요를 배웁니다.

호흡에 머물기란 억제의 과정이 아니라, '돌아오는 훈련'입니다. 마음이 떠나는 것을 두려워하지 말고, 언제나 부드럽게 숨으로 돌아오십시오.

(3) 출입식경의 실천적 의의

『출입식경(出入息經)』은 '호흡을 알아차림으로써 몸과 마음을 함께 닦는 법'을 설한 짧지만 핵심적인 경전입니다.

그 내용은 16단계로 이루어져 있으며, 집중에서 통찰로 이어지는 점진적 구조를 보여주고 있습니다.

- 1-4단계: 몸의 호흡을 관찰
- 5-8단계: 느낌을 관찰
- 9-12단계: 마음을 관찰
- 13-16단계: 법(法, 진리)을 관찰

이는 곧 '대념처경의 구조'를 요약한 것으로, 호흡 하나를 통하여 모든 존재의 실상을 통찰하도록 이끕니다. 즉, 알아차림 자체가 수행이며, 별도의 사유나 분석 없이 '순간의 깨어 있음' 속에서 몸·감정·마음·법이 모두 하나로 통합됩니다.

통찰명상(위빠사나)—마음을 비추어 보는 법

집중명상이 안정되면, 통찰명상이 자연스럽게 시작됩니다. 즉, 초기에는 집중명상을 위주로 하고, 점차 통찰명상의 비중이 자연스럽게 늘어납니다.

통찰명상은 대상을 하나로 제한하지 않고, 지금 일어나는 모든 현상을 알아차리는 수행입니다.

(1) 관찰의 대상

먼저 '몸'의 감각을 알아차립니다.

다리의 감각, 허리의 느낌, 호흡과 함께 움직이는 복부의 감각을 그대로 관찰합니다.

다음으로 '느낌'을 알아차립니다.

편안함, 불편함, 무덤덤함이 일어나고 사라지는 과정을 그대로 봅니다.

그 다음으로 '마음'의 상태를 알아차립니다.

산만함, 고요함, 졸림, 긴장 등을 좋고 나쁘게 판단하지 않고 알아차립니다.

마지막으로 '생각'을 알아차립니다.

생각이 일어나고, 머물고, 사라지는 과정을 지켜봅니다.

이것이 대념처경에서 말하는 몸·느낌·마음·법에 대한 관찰의 실제 적용입니다.

이 네 가지를 합쳐 '사념처(四念處)'라 하며, 불교의 '대념처경(大念處經)'은 바로 이 네 영역의 관찰을 자세히 설명합니다.

즉, 사념처 수행은 몸과 느낌과 마음 등을 관찰하여, 무의식적이고 자동적인 번뇌망상의 고리에서 벗어나게 해주는 수행법입니다.

(2) 실천 방법

- 알아차림의 반복: 몸의 감각, 감정, 생각이 일어날 때마다 '지금 이 느낌', '지금 이 생각'을 즉시 자각합니다.
- 평가하지 않기: 좋다, 나쁘다의 판단을 내려놓습니다.
- 변화를 관찰하기: 모든 감정과 생각이 생겼다가 사라지는 과정을 봅니다.

"그것은 내 것이 아니고, 나도 아니며, 나의 자아도 아니다."

『대념처경』

이 문장은 위빠사나의 핵심입니다.

집착을 내려놓는 순간, 마음은 비로소 자유로워집니다.

(3) 대념처경의 통찰 체계

『대념처경(大念處經)』은 마음을 관찰하는 수행을 네 가지 통찰의 틀로 제시하고 있습니다. 이는 인간 경험의 전 영역을 포괄적으로 살피기 위한 체계이며, 특정한 상태를 만들어 내기보다 있는 그대로의 실상을 알아차리기 위한 길입니다.

첫째, 신념처(身念處)는 몸의 움직임과 자세, 호흡을 관찰하는 수행입니다. 이는 몸을 통해 지금 여기에서 일어나는 변화를 직접 알아차리게 하여, 의식이 현재에 머물도록 돕습니다.

둘째, 수념처(受念處)는 즐거움과 괴로움, 중립적인 느낌을 관찰하는 수행입니다. 감정을 억누르거나 따라가지 않고, 느낌이 생겨나고 사라지는 과정을 있는 그대로 지켜봅니다.

셋째, 심념처(心念處)는 마음의 상태를 관찰하는 수행입니다. 분노, 욕망, 혼침, 산란과 같은 마음의 작용을 '나의 것'으로 동일시하지 않고, 일어났다 사라지는 현상으로 알아차립니다.

넷째, 법념처(法念處)는 모든 현상이 인연에 의해 생겨나고 변화하며 사라진다는 법칙을 통찰하는 수행입니다. 이를 통해 고정된 실체로서의 '나'라는 관념이 허상임을 점차 분명히 보게 됩니다.

이 네 가지 통찰은 인간 경험의 모든 층위를 아우르며, 이를 반복적으로 관찰함으로써 수행자는 다음과 같은 사실을 분명히 깨

닿게 됩니다. 즉, 형성된 모든 존재는 인연에 따라 생겨나 끊임없이 변화하며, 고정된 자아라고 할 만한 실체는 없다는 것입니다.

이 지점에서 명상의 의미는 분명해집니다.

명상은 마음을 바꾸거나 새로 만들어 내는 노력이 아닙니다. 관찰이 깊어질수록 수행자는, 이미 그렇게 작동하고 있던 마음의 자리와 마주하게 됩니다. 이 자각 자체가 곧 명상의 목적이며, 대념처경이 이끄는 통찰의 귀결입니다.

호흡·몸·마음의 통합 실천

이 단계에서 기수련과 명상수련은 더 이상 나뉜 수련이 아닙니다. 둘은 하나의 흐름 속에서 자연스럽게 이어지는 통합된 수련이 됩니다.

기수련을 통해 몸의 기운이 안정되면, 명상수련을 통해 그 안의 마음도 차분하고 또렷해집니다. 이 과정이 깊어지면, 몸과 마음이 따로 움직이는 것이 아니라 하나의 흐름으로 이어져 있음을 직접 체험하게 됩니다.

마침내 몸과 마음, 그리고 자신을 둘러싼 세계의 흐름까지도 하나로 연결되어 있음을 느끼게 됩니다.

이때 호흡은 몸의 문을 여는 역할을 합니다. 숨을 억지로 조절하지 않고, 자연스럽게 들고 나는 호흡을 따라가다 보면 굳어 있던 몸의 긴장이 풀리고, 기운의 흐름도 고르게 정리됩니다.

몸이 안정되면, 마음은 호흡과 몸의 감각을 비추는 거울처럼 작용합니다. 지금 이 순간의 몸 상태와 감각을 좋고 나쁨의 판단 없이, 있는 그대로 알아차리게 됩니다.

이 통합 실천의 핵심은 다음 세 가지로 정리할 수 있습니다.

첫째, 호흡을 통해 몸을 안정시키는 것

둘째, 몸의 감각을 세밀하게 느끼며 마음의 움직임을 알아차리는 것

셋째, 마음이 고정된 실체가 아니라, 비어 있으면서도 끊임없이 변하고 있음을 직접 깨닫는 것

이 과정을 깊이 이어가면, 수련자는 점차 '몸을 느끼는 나'와 '마음을 관찰하는 나'라는 구분이 희미해지는 경험을 하게 됩니다.

몸과 마음은 둘이 아니라 하나의 흐름으로 느껴지고, 나와 외부 세계, 더 나아가 우주 전체가 분리된 대상이 아니라 하나로 연결된 장(場)처럼 인식됩니다.

이러한 경험은 특별한 신비 체험을 말하는 것이 아닙니다. 깊은 집중과 깨어 있음 속에서 자연스럽게 드러나는 통합된 인식의 상태를 가리킵니다.

이때 수련자는 '나'라는 고정된 중심에서 벗어나, 몸·마음·우주가 함께 호흡하고 함께 움직이고 있다는 사실을 체험적으로 이해하게 됩니다.

이와 같은 심층의 통합 체험을 통해, 수련자는 자신의 마음을 더욱 분명히 알아차리고, 삶 전체를 관통하는 하나의 흐름 속에 자신이 놓여 있음을 자각하게 됩니다.

이 통합된 알아차림의 상태에 머무는 것이 명상수련의 핵심이며, 기수련과 명상수련이 만나는 지점입니다.

존재의 근원을 향한 동서양의 통찰

동서양의 위대한 사상가와 과학자들은 각기 다른 길을 통해 우주 만물의 근원을 탐구해 왔습니다. 비록, 서로 다른 언어와 방법을 사용했지만, 그들의 통찰에는 놀라운 접점이 발견됩니다.

불교에서는 모든 현상(色)은 공(空, 비어 있음)이며, 공이 곧 현상임을 설합니다. 이는 물질이 고정된 실체가 아니라 끊임없이 변화하는 과정임을 밝힌 것입니다.

노자는 『도덕경』에서 도(道)에서 하나가, 하나에서 둘(陰陽)이, 둘에서 만물이 생겨남을 비유적으로 설명합니다. 만물이 하나의 근원적 흐름에서 비롯되었다는 세계관입니다.

아인슈타인은 질량은 에너지로, 에너지는 질량으로 전환될 수 있음을 증명하여, 모든 물질이 근본적으로 에너지와 연결되어 있음을 보여주었습니다.

이처럼 서양 과학의 언어와 동양 사상의 언어는 서로 다르지만, 모두가 만물은 근원적 하나의 힘에서 비롯된다는 인식을 공유하고 있습니다.

즉, 오랜 세월 서양은 물질을 분해 가능한 입자의 집합으로 보는 원자론적 관점을 발전시켰고, 동양은 만물을 하나의 기(氣), 즉 흐름과 관계의 장(場)으로 파악해 왔습니다. 그러나, 20세기 들어 상대성이론과 양자역학은 이러한 두 전통을 새로운 방식으로 연결했습니다.

아인슈타인이 에너지와 질량의 상호 전환을 밝혔듯이, 동양의 사상가들은 이미 수천 년 전부터 만물이 하나의 기(에너지적 흐름)로 이루어져 있다는 통찰을 제시해 왔던 것입니다.

이로써 우리는 "과학자는 실험을 통해, 수행자는 깨달음을 통해 우주의 근원에 다가간다"는 하나의 진리를 확인할 수 있습니다.

따라서, 기수련과 명상수련은 몸과 호흡 그리고 마음을 알아차리는 과정 속에서 존재의 근원을 자각하며 살아가게 하는 길입니다.

명상수련의 마무리

명상수련을 마칠 때에는 곧바로 일어나지 않습니다. 잠시 그대로 앉아 호흡의 흐름과 몸 전체의 감각을 느끼며, 수련으로 가라앉은 기운과 마음의 상태를 충분히 음미합니다.

이 고요가 몸과 마음에 자연스럽게 스며들도록 시간을 줍니다.

이후 서서히 손과 발을 움직이며 몸을 깨우고, 다음 단계인 정리 운동으로 넘어갑니다. 이는 명상에서 일상으로 급격히 전환하는 것이 아니라, 고요한 상태를 유지한 채 삶의 움직임 속으로 돌아가기 위한 준비 과정입니다.

명상은 좌선의 시간에만 국한되지 않습니다.

걷는 순간, 말하는 순간, 숨을 쉬는 순간마다 알아차림은 이어질 수 있습니다. 좌선 중에 길러진 깨어 있음은 일상 속에서 비로소 그 의미를 완성합니다.

이 단계는 수련을 '경험'으로 끝내지 않고 '삶'으로 연결하는 중요한 전환점입니다.

이를 위해 다음과 같은 점을 늘 기억하며 실천합니다.

- 명상 중에 얻은 평정심을 일상 속 대화와 일, 인간관계 속에서도 유지하려 노력합니다.
- 분노나 불안이 일어날 때, '지금 이 숨'을 알아차리는 순간 이미 수련은 다시 시작됩니다.
- 번뇌와 망상의 악순환을 끊기 위해 필요한 것은 복잡한 기술이 아니라, 오직 현재에 주의를 돌리는 일입니다.

결국 명상은 '앉아 있는 행위'가 아닙니다. 삶의 모든 순간에 고요하게 깨어 있는 상태, 그 자체가 명상입니다.

좌선에서 길러진 알아차림이 하루의 모든 순간으로 확장될 때, 명상수련은 비로소 삶 전체를 밝히는 수련이 됩니다.

5.
정리운동
—회복과 회향

정리운동의 의미

정리운동(整理運動)은 단순한 스트레칭이나 마무리 체조가 아닙니다.

정리운동은 하루의 수련 전체를 다시 본래의 자리로 되돌려 놓는 회향(回向)의 과정입니다.

기수련과 명상수련을 마친 뒤, 몸과 마음속의 기운은 매우 미세하고 섬세한 상태에 놓여 있습니다. 이때 급하게 움직이거나 갑자기 일상으로 전환하면, 수련 중 형성된 기의 흐름이 흩어지거나 불균형해질 수 있습니다.

정리운동은 이러한 상태를 부드럽게 정돈하여, 수련의 여운이 손상되지 않도록 보호하는 역할을 합니다.

또한, 정리운동은 수련 중에 활성화된 기운을 다시 단전으로 모으고, 몸 전체의 순환을 고르게 풀어 주며, 마음을 일상의 감각으로 자연스럽게 연결시키는 의식적인 전환의 단계입니다.

따라서 정리운동은 수련과 일상을 분리하는 과정이 아니라, 수련의 상태를 일상 속으로 스며들게 하는 다리와 같은 과정입니다.

정리운동은 다음의 세 가지 목적을 가집니다.

첫째, 몸의 근육과 관절을 이완하여 기혈의 순환을 원활히 하고, 수련 중 모인 기운을 단전에 안정시키는 데 목적이 있습니다.

둘째, 고요한 의식을 유지한 채 일상 속의 깨어 있음으로 돌아와, 몸과 마음이 하나로 연결된 상태를 회복하는 데 목적이 있습니다.

셋째, 나의 수련이 나 개인에 머무르지 않고, 삶과 관계 속에서 조화와 이로움으로 확장되도록 회향하는 데 목적이 있습니다.

정리운동의 순서

정리운동은 크게 다음의 세 단계로 구성됩니다. 그러나, 각 단계는 분리되어 있지 않으며, 자연스럽게 이어지는 하나의 흐름을 이룹니다.

전체 시간은 보통 10~15분 내외가 적절합니다.

(1) 기혈 정리

기혈 정리는 몸의 긴장을 부드럽게 풀어 기혈의 흐름을 회복하고, 수련 중 활성화된 기운을 다시 단전으로 모으는 단계입니다.

이 단계에서는 빠른 동작보다는 느리고 안정된 움직임을 통해 몸 전체의 순환을 고르게 정돈하는 데 중점을 둡니다.

(2) 회향 호흡

회향 호흡은 호흡을 고요히 하여 수련의 여운을 정리하는 단계 입니다. 호흡은 단전에 머물며 자연스럽게 이어지고, 단전 속에서 따뜻해진 기운이 몸 전체로 부드럽게 퍼져 나가도록 합니다.

이 과정에서 마음은 점차 평온해지고, 수련의 상태는 안정됩니다.

(3) 감사 명상

감사 명상은 하루의 수련 전체를 되돌아보며 평화와 감사의 마음 으로 회향하는 단계입니다. 잘됨과 부족함을 가리지 않고, 그 자체 로 수련이 이루어졌음을 인정하며 고요히 마무리합니다.

이 단계는 수련을 성과가 아닌 삶의 과정으로 정착시키는 의미를 지닙니다.

기혈 정리 단계

국선도의 기혈순환유통법을 바탕으로 한 정리동작(예시) 수련이 며, 동작 기본수칙은 준비운동시와 동일합니다.

지면 관계상 준비운동, 단전행공, 정리운동의 동작 및 자세는 최 소한의 예시에 그쳤으나, 수련의 진척에 따라 추가할 수 있습니다.

1) 기지개 켜기

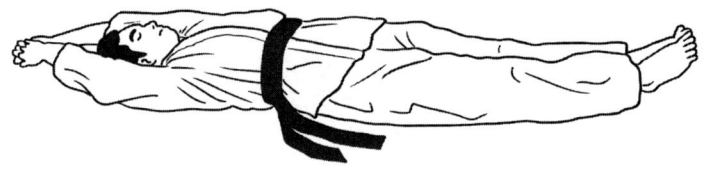

【동작 요령】

① 행공을 끝내고 서서히 누워서 손끝·발끝과 온몸에 기를 쭉 보
  낸다고 생각하고서 손발을 쭉 뻗는다. 이때 척추를 아래 위에
  서 당겨주는 듯한 기분으로 하는 것이 더욱 효과적이다.
② 이어 양발 모으고 양손 깍지 끼고 물고기가 헤엄치듯이 몸 전
  체를 흔들어 준다.

【주의할 점】

호흡을 조절하여 전신에 유기시키는 것을 명심해야 한다.

2) 목뒤 깍지 끼고 좌우 틀기

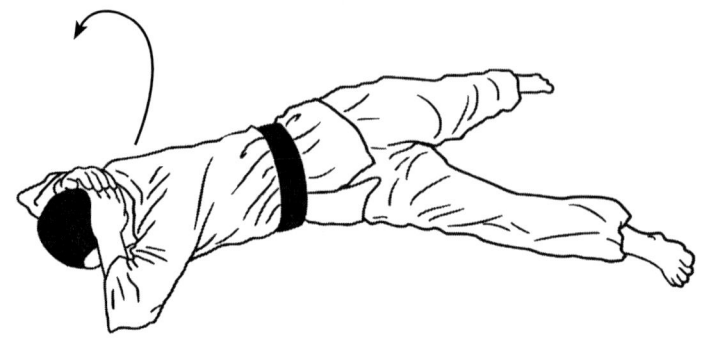

【동작 요령】

① 반듯이 누운 자세에서 양다리를 멀리 벌리고, 목뒤로 깍지 끼고 좌로 몸을 틀어 넘겨 오른 팔꿈치를 반대쪽 바닥에 댄다.
② 동일한 방법으로 다시 오른쪽으로 틀어준다.
③ 좌우 각각 2회씩 실시한다.

【주의할 점】

① 양발이 가급적 움직임이 없도록 한다.
② 몸을 너무 무리하게 틀지 않는다.

3) 얼굴 마사지 하기

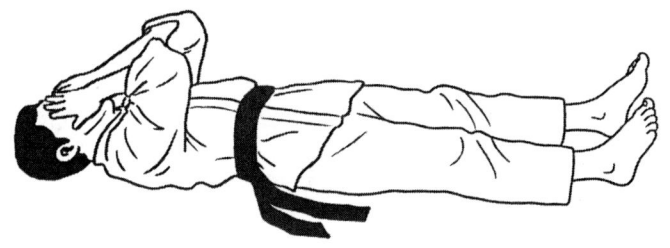

【동작 요령】

① 양발 모아 누워서 양손을 비벼 열기가 나게 한 다음, 세수하
  듯이 얼굴을 문지른다.

② 손끝에 은은히 힘을 주어 눈 주변, 코·입 주위 등 고루고루 누
  르며 자극을 준다.

③ 머리를 앞쪽부터 뒤로 누르고, 목뒤 아문혈(瘂門穴), 천주혈(天
  柱穴) 등도 누른다.

【주의할 점】

눈은 건드리지 말고 눈 주변의 골격을 누른다.

4) 양팔 교대로 상하, 좌우로 뻗어주기

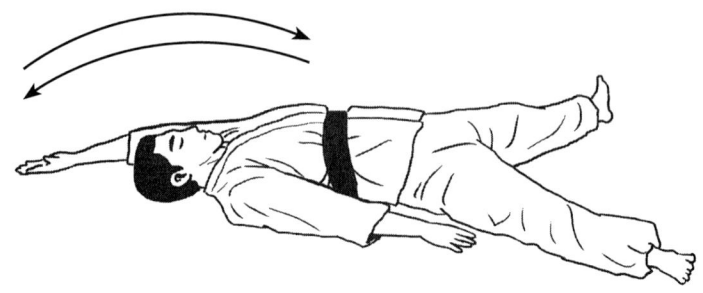

【동작 요령】

① 누운 상태 그대로 양팔을 교차하여, 양팔을 교대로 위 아래로 천천히 움직여 준다. 6~8회 반복한다.

② 편안히 누운 채 양손으로 가슴을 바짝 끌어안은 듯하다가, 좌우로 펴서 내리는 것을 3~4회 반복한다.

【주의할 점】

① 팔꿈치는 펴되 힘주지 말고 움직여준다.

② 팔에 긴장을 빼면서 한다.

5) 하체를 들었다 펴기

【동작 요령】

① 누운 채 양발 어깨 너비로 무릎 굽혀 세우고, 양팔 좌우 어깨 높이로 팔을 편다.

② 숨을 마시어 멈추고 어깨와 발가락만 바닥에 대고, 몸통을 틀어 무릎을 좌우로 움직이기를 2회 한다.

③ 마지막으로 단전을 밀어 올렸다가, 몸을 던지듯 갑자기 무릎을 펴준다.

【주의할 점】

① 무릎을 좌우로 움직일 때 어깨가 떨어지지 않도록 한다.

② 마지막 단전을 밀어 올릴 때는 팔다리의 모든 기운이 단전으로 몰린다는 생각으로 들어올렸다가 펴준다.

③ 호흡조절에 주의하여 마지막 무릎 펼 때 숨을 토한다.

6) 상체 들어 좌우 틀기

【동작 요령】

① 엎드린 자세에서 양손을 어깨보다 한 뼘 정도 위로 하여 손가락으로 바닥을 짚는다.

② 머리를 들고 팔을 펴되, 척추 마디마디를 차례로 들어 올린다는 생각으로 숨을 마시어 멈추고 상체를 든다.

③ 그대로 상체 좌우로 틀어주고, 가운데서 고개를 높이 들어 경추, 흉추, 요추에 자극이 갈 수 있도록 하였다가 서서히 숨을 내쉬며 원위치한다.

【주의할 점】

① 팔을 폈을 때 단전이 바닥에 닿도록 손을 알맞게 짚어야 한다.

② 발가락을 세우고 발을 모아서 한다.

7) 무릎 대고 앞뒤 몸통 풀기

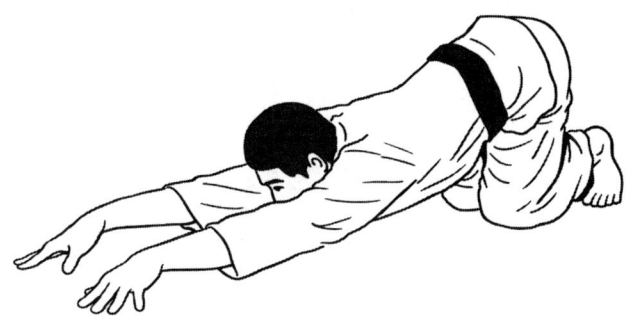

【동작 요령】

① 엎드린 상태에서 양손 옆구리 바닥을 짚는다.

② 몸을 앞으로 나가며 상체를 일으켰다가 무릎 꿇고 몸을 뒤로 뺀다. 이를 반복하여 2~3회 한다.

③ 마지막 뒤로 뺐을 때 좌우로 어깨와 몸통을 움직여 풀고, 다시 앞으로 나가 몸을 일으켜 좌우 몸통을 틀어준다.

【주의할 점】

① 앞으로 나갈 때는 허벅지가 땅에 닿도록 하고, 어깨 낮추고 고개는 빼 올려서 가급적 척추가 둥글게 되도록 한다.

② 뒤로 뺐을 때는 머리를 세우고 좌우로 몸을 움직여 가슴 부위에 자극을 준다.

8) 숨쉬기

【동작 요령】

① 양발 모아 두 손 합장하여 손을 높이 올리며 뒤꿈치 들고 숨을 크게 마시었다, 숨을 내쉬며 팔을 낮춘다. 2회 실시한다.

② 양발 어깨 넓이로 벌리며 양손 옆으로 벌리며 마시고, 손을 모으며 토한다. 2~3회 실시한다.

【주의할 점】

숨을 마실 때는 맑은 공기를 마시고, 내쉴 때는 몸 안의 탁한 기운을 내뱉는다는 생각으로 한다.

회향 호흡 단계—수련의 여운을 가라앉히는 숨

회향 호흡 단계는 수련을 마무리하며, 몸과 마음에 남아 있는 수련의 여운을 고요히 가라앉히는 과정입니다.

이때의 자세는 명상 수련 시의 자세를 그대로 유지하며, 호흡은 인위적으로 조절하지 않고 자연스러운 리듬에 맡깁니다.

기혈이 충분히 안정되면, 마음을 단전 깊숙이 가라앉히며 회향 호흡을 시작합니다. 이때의 호흡은 '돌아옴의 숨결'입니다.

들이쉴 때에는 "오늘의 수련을 온전히 받아들입니다."라는 마음으로 하고, 내쉴 때에는 "모든 기운을 감사히 돌려보냅니다."라는 마음으로 합니다.

이러한 회향 호흡을 이어가며, 단전 속의 따뜻한 기운이 몸 전체로 은은히 퍼져 나가는 것을 느껴봅니다.

이 과정은 보통 5분 내외로 진행하며, 몸과 마음이 하나로 녹아드는 고요함을 경험하게 됩니다.

회향 호흡의 마지막은 세 번의 숨으로 마무리합니다.

첫 번째 숨은 수련 중 얻은 모든 에너지를 단전으로 모으는 숨입니다.

두 번째 숨은 몸의 따뜻함이 마음의 평온으로 전환되는 숨입니다.

세 번째 숨은 "감사합니다."라는 마음으로 그 에너지를 세상으로 내보내는 숨입니다.

이때 입꼬리를 살짝 올려 미소의 숨을 유지하면, 복부 근육이 부드럽게 풀리고 기운이 더욱 고르게 순환됩니다.

감사 명상 단계―회향의 마음

감사 명상 단계는 수련을 마친 뒤 잠시 눈을 감고, 오늘의 몸과 마음을 고요히 바라보는 과정입니다.

이 단계에서는 평가하거나 판단하지 않고, 있는 그대로를 알아차립니다.

다음과 같은 질문을 마음속에 조용히 던져봅니다.
"오늘 나의 몸은 어떠한가?"
"오늘의 마음은 어떠한가?"
"나는 무엇을 느꼈는가?"

그런 다음, 다음과 같이 마음속으로 말합니다.
"이 수련으로 맑아진 기운이 나에게, 가족에게, 그리고 세상 모든 생명에게 닿게 하소서."

이처럼 간단한 문구를 마음속으로 되뇌면, 하루의 수련은 단순한 육체적 활동을 넘어 삶 전체를 향한 자각의 수행으로 전환됩니다.

이것이 바로 회향(回向)의 마음입니다.

수행은 나 혼자의 평온에서 멈추지 않고, 그 평온이 삶과 관계 속으로 스며들 때 비로소 완성됩니다.

맺음말

정리운동은 하루 수련의 마지막 단계로, 몸과 마음의 여운을 다스리고 그동안 쌓인 기운을 고르게 정리하여 본래의 자리를 회복하게 하는 과정입니다.

이는 단순히 '운동을 마무리하는 과정'이 아니라, 수련 전반을 하나로 엮어 몸과 기와 마음의 통합을 완성하는 신성한 회향의 시간입니다.

준비운동이 문을 여는 일이라면, 정리운동은 문을 닫는 일입니다. 그러나 그 문은 단순히 닫히는 문이 아니라, 몸과 마음의 중심으로 모든 기운을 다시 모으는 귀환의 문입니다.

또한, 정리운동은 끝이 아니라, 다음 수련의 시작이기도 합니다.
몸은 부드럽게 정돈되고, 마음은 다시 투명해집니다. 이 상태가 곧, 다시 새로운 숨을 들이마실 준비가 된 상태입니다.

이 책을 덮는 이 순간, 당신의 마음과 호흡은 이전보다 조금 더 고요해져 있을 것입니다.

그 고요함 속에는 단지 지식이나 이론이 아닌, 삶의 본질에 닿으려는 '한 걸음의 진심'이 깃들어 있습니다.

이 책은 기(氣)와 명상(冥想), 몸과 마음, 선도(仙道)와 불도(佛道)의 길을 함께 다루었지만, 결국 그 모든 길은 하나의 목표—'자기 자신으로 돌아감'으로 모입니다.

수련이란 특별한 신비가 아니라, 잃어버린 자연스러움을 되찾는 과정입니다.

몸의 길, 마음의 길, 하나의 길

몸은 흙에서 나왔고, 마음은 하늘로 통합니다.

몸을 닦는 기수련은 대지의 힘을 일깨우는 길이고, 마음을 닦는 명상수련은 하늘의 맑음을 닦는 길입니다.

이 두 길이 만나면 인간은 비로소 '하늘과 땅 사이의 존재'로 깨어납니다.

수련의 과정은 늘 단순합니다.

앉고, 숨 쉬고, 느끼고, 알아차리고, 내려놓는 일. 그러나 그 단순함을 매일의 삶 속에서 잊지 않고 이어가는 일은, 곧 가장 위대한 공부이자 가장 깊은 수행입니다.

몸의 굳음이 풀리고, 호흡이 고르게 되면 그 순간 마음도 투명해집니다. 기운이 단전으로 모일 때, 생각은 멈추고 의식은 맑아집니다.

이처럼 몸이 열리면 마음이 열리고, 마음이 열리면 도(道)가 열린다는 것이 동서고금 수행의 공통된 진리입니다.

도(道)는 멀리 있지 않다

선도에서 말하는 '신선(神仙)'은 바람처럼 자유롭고, 불교에서 말하는 '부처(佛)'는 연꽃처럼 고요합니다.

그러나 그들은 먼 하늘의 존재가 아니라, 지금 여기서 바르게 숨 쉬는 '한 사람의 완전한 인간'을 뜻합니다.

도는 산속에만 있는 것이 아니라 하루의 밥을 짓고, 걸으며, 말하며, 누군가의 마음을 이해하는 그 작은 순간 속에 있습니다.

숨을 따라 지금 이 순간을 온전히 살아갈 때, 그 자체가 곧 깨달음이며 해탈입니다.

"도는 일상 속에 있다(道在日用中)."

이 말은 수행의 종착지이자 출발점입니다.

몸을 돌보는 일, 마음을 살피는 일, 세상을 사랑하는 일, 그 모든 것이 하나의 수련으로 이어집니다.

회향(回向)의 의미—다시 세상으로

수련의 완성은 도피가 아니라 회향입니다.

고요히 앉아 얻은 평정심이 삶 속에서 누군가를 향한 온기와 자비로 이어질 때, 비로소 수련은 '진짜 길'이 됩니다.

하루의 수행이 끝난 뒤, 그 맑은 기운이 나 자신뿐 아니라 가족과 이웃, 그리고 세상 모든 존재에게 닿기를 기원하십시오.

몸은 하나의 우주이고, 마음은 그 우주를 비추는 거울입니다. 당신의 수련이 깊어질수록 그 거울은 더 맑아지고, 세상은 더 밝아질 것입니다.

다시 시작하는 숨

이 책은 결코 '끝'이 아닙니다.
한 권의 책을 다 읽었다는 것은, 또 하나의 수련을 시작할 준비
가 되었다는 뜻입니다.

내일의 첫 숨을 들이쉴 때, 그것이 오늘의 수련에서 이어지는 첫
장이 되기를 바랍니다.
당신의 숨이 고요히 단전으로 내려가고, 그 안에서 따뜻한 기운
이 일어나 마음을 비추기를 바랍니다.

"하늘과 땅의 숨결이 내 안에 있고, 내 한 생각이 하늘과 땅을 밝힌다."

이 책이 그대의 수행길 위에서 조용한 등불 하나가 되어주기를
바랍니다.
신선과 부처에 이르는 길은 멀리 있지 않습니다. 그 길은 당신의
한 호흡, 한 생각, 한 걸음 속에 이미 있습니다.

참고문헌

I. 전통 문헌 및 고전 자료

《금선증론(金仙證論)》, 유화양(柳華陽), 여강출판사, 1993.

《능엄경(楞嚴經)》, 미상, 대승불교 경전.

《대념처경(大念處經, Satipaṭṭhāna Sutta)》, 붓다, 중부경전(Majjhima Nikāya) 제
10경.

《도덕경(道德經)》, 노자, 다수 번역본.

《선문염송(禪門拈頌)》, 미상, 고려시대 불교 선어록.

《육조단경(六祖壇經)》, 혜능, 선종 핵심 경전.

《참동계(參同契)》, 위백양(魏伯陽), 도가 내단학 경전.

《장자(莊子)》, 장자, 동양고전종합DB 번역본.

《주역(周易)》, 공자 전, 고전연구총서.

《청정경(清靜經)》, 미상, 도가 수련 경전.

《출입식념경(出入息念經, Ānāpānasati Sutta)》, 붓다, 중부경전(Majjhima Nikāya)
제118경.

《황제내경(黃帝內經)》, 기문사 편, 중국 의학 고전.

《화엄경(華嚴經)》, 미상, 대승불교 경전.

《혜명경(慧命經)》, 유화양(柳華陽), 여강출판사, 1991.

II. 한국의 전통 수련서 및 선도 문헌

《국선도 I·II·III》, 청산선사, 도서출판 국선도, 2007.

《국선도 강해》, 허경무, 도서출판 밝문화, 2003.

《국선도 단전호흡의 모든 것》, 고남준, 도서출판 청어, 2018.

《난랑비서문(鸞郞碑序文)》, 최치원, 한국선학총서.

《삶의 길》, 청산선사, 도서출판 국선도, 1992.

《삼일신고(三一神誥)》, 미상, 상고시대 선도 경전.

《선도비전집(仙道秘傳集)》, 미상, 한국선학총서.

《운기단법》, 이승헌, 도서출판 한문화, 1992.

《천부경(天符經)》, 미상, 상고시대 선도 경전.

《한국 선도의 원류와 현대적 복원》, 박성수, 동양문화사, 2005.

III. 불교 명상 및 현대 명상학 연구

《늙지 않는 뇌의 비밀》, 김말환, 민족사, 2025.

《명상과 수행의 길》, 달라이 라마, 조계종출판사, 2002.

《명상의 세계》, 정태혁, 정신세계사, 1987.

《명상의 철학적 기초》, 한자경, 이화여자대학교출판부, 2008.

《무소유》, 법정, 범우사, 1996.

《불교명상과 현대심리치료》, 다이선 한, 한국명상학회지 제12권, 2021.

《사랑의 마음챙김》, 샤론 잘즈버그, 불광출판사, 2018.

《숨쉬기만 해도 좋아》, 틱낫한, 불광출판사, 2017.

《어디서든 마음챙김》, 존 카밧진(Jon Kabat-Zinn), 학지사, 2012.

《위빠사나 수행의 기초》, 마하시 사야도, 담앤북스, 2010.

《통찰명상》, 조셉 골드스타인, 불광출판사, 2013.

IV. 현대 심신의학 및 뇌과학 연구 등

《기공과 명상의 통합적 신경생리학 연구》, 박영숙, 동국대학교 박사학위논문, 2018.

《단전호흡의 생리학적 효과에 관한 연구》, 이정훈, 서울대학교 박사학위논문, 2001.

《명상수련이 뇌파에 미치는 영향》, 김현진 외, 한국명상학회지 제8권, 2019.

《유불선 삼교의 통합사상》, 이기동, 성균관대학교출판부, 2011.

《한국 정신문화와 선도의 사상적 기반》, 이기영, 고려대학교출판부, 2009.

《현대인의 기공과 명상치유》, 김성수, 학지사, 2018.

《호흡과 에너지의 과학》, 이재혁, 한문화사, 2016.

V. 참고 웹자료 및 데이터베이스

《국선도 공식 홈페이지》, 국선도, https://www.kouk-sundo.or.kr

《국선도》, 위키백과, https://ko.wikipedia.org/wiki/국선도

《국선도》, 나무위키, https://namu.wiki/w/국선도

《한국명상학회》, 한국명상학회, https://k-mind.org

부록 1

국선도의 기수련법

1.
개요

국선도의 의의와 전통

국선도(國仙道)는 한국 고유의 심신 수련법으로, 상고시대부터 전해 내려온 '밝돌법(태양처럼 밝은 기운을 돌리는 법)'에 뿌리를 두고 있다.

'밝'은 빛과 생명의 근원을 의미하고, '돌'은 그 기운을 순환시킨다는 뜻으로, 국선도의 근본 목적은 자연의 밝은 기운을 몸과 마음에 받아들이고 순환시켜 삶을 건강하고 조화롭게 만드는 것이다.

역사적으로 국선도는 삼국시대 이전에 이미 널리 행해졌으며, 고구려의 조의선인, 신라의 화랑도 등에서도 그 흔적을 찾을 수 있다.

고려와 조선시대를 거치며 사회적 제약으로 인해 산중에서 은밀히 이어져 내려왔고, 현대에 들어서 청산선사에 의해 1967년 대중에 다시 전해지면서 오늘날까지 이어지고 있다.

국선도의 철학적 기반

국선도의 단전호흡법은 정기신(精氣神) 삼단(三丹)을 통합한 이단적(二段的)인 하단전의 깊은 숨쉬기를 한다.

이에 따라, 정(精)이 충만하면 기(氣)가 장해지고, 기가 장해지면 신(神)이 밝아지는 원리에 의해 진정한 건강체를 이룬 후, 우주의 기운과 합일해 나가는 수련법이다.

(1) 정기신(精氣神)의 조화

인간은 정(精, 생명력의 근본), 기(氣, 의식과 생각), 신(神, 감정과 의지)의 세 요소로 이루어져 있다고 보며, 수련은 이 셋을 균형 있게 닦는 과정이다.

(2) 삼단전(三丹田)의 통합

국선도에서는 상단전의 의식과 생각, 중단전의 감정과 의지를 하단전의 생명력의 근본인 무심(無心)의 자리에 집중함으로써 몸과 마음, 정신을 하나로 통일한다.

(3) 이단호흡(二段呼吸)

국선도의 호흡은 단순한 들숨과 날숨을 넘어, 숨과 숨 사이의 '머무름' 즉, 지식(止息)을 강조한다.

이로써 호흡이 더욱 길어지고, 기가 단전에 충만하게 쌓이며, 의식이 더욱 깊어진다.

수련의 체계

국선도의 수련은 크게 준비운동→단전행공→정리운동의 세 단계로 진행된다.

(1) 준비운동

몸의 관절과 근육을 풀어 기혈순환을 돕는 단계로 60여 가지 동작으로 구성되어 있으며, 스트레칭과 유사하나 단전호흡과 결합되어 있다.

(2) 단전행공

국선도의 핵심 수련으로, 430여 가지 동작과 호흡법을 통해 기를 단전에 모으고 온몸에 운행시킨다.

(3) 정리운동

수련을 마무리하며 기운을 안정시키고, 단전에 모인 기를 전신에 순환시키는 단계로 약 30여 가지 동작으로 구성되어 있다.

이 과정은 약 1시간 20분 동안 진행되며, 초심자도 무리 없이 익힐 수 있도록 점진적으로 설계되어 있다.

국선도의 특징

국선도는 중국의 기공이나 요가와는 구별되는 독자적인 수련 체계를 지닌다.

이는 특정 동작이나 호흡 기법에 국한되지 않고, 몸의 움직임·호흡·의식의 작용을 하나의 흐름으로 통합하는 수행법이라는 점에서 그 특징이 드러난다.

(1) 동적 수련

국선도는 가만히 앉아 호흡만을 관찰하는 방식이 아니라, 다양한 동작과 호흡이 결합된 형태로 진행된다. 이러한 동적 수련은 기혈의 흐름을 자연스럽게 열어 주며, 몸의 긴장을 풀고 생명력을 회복하도록 돕는다.

(2) 단전 중심 수련

모든 수련은 하단전을 중심으로 이루어진다. 하단전은 기운이 모이고 저장되며 다시 전신으로 순환하는 중심으로, 국선도의 동작과 호흡은 이 단전을 기준으로 설계되어 있다. 이를 통해 기운이 흩어지지 않고 안정적으로 축적된다.

(3) 자연친화성

국선도 수련은 자연의 리듬에 맞추어 숨 쉬고 움직이며 생활하는 것을 중시한다. 수련을 통해 자연과 분리된 인간이 아니라, 자연과 조화를 이루는 존재로 회복되는 것을 목표로 한다.

(4) 체험 중심의 즉각성

국선도는 초심자도 비교적 빠르게 몸의 변화와 마음의 안정을 체험할 수 있다. 이는 수련을 지속하게 하는 중요한 동력이 되며, 이론보다 체험을 중시하는 국선도의 수행관을 잘 보여준다.

국선도의 효과

국선도의 효과는 신체적·정신적·영적 측면에서 종합적으로 나타난다. 이는 단일한 기능 향상이 아니라, 심신 전체의 조화와 균형 회복으로 이해할 수 있다.

(1) 신체적 효과

체력 증진, 만성 피로 완화, 수면의 질 개선, 소화 기능 강화, 면역력 향상 등 신체 전반의 건강 증진 효과가 나타난다. 특히 기혈 순환의 개선은 다양한 신체 증상의 완화로 이어진다.

(2) 정신적 효과

불안과 긴장이 완화되고, 스트레스가 감소하며, 집중력과 정서적 안정이 향상된다. 호흡과 의식이 안정되면서 마음이 고요해지고, 일상 속에서도 평정심을 유지하는 힘이 길러진다.

(3) 영적 효과

수련이 깊어질수록 자연과 우주와의 합일감, 자아 중심적 사고를 넘어서는 체험이 나타난다. 이는 도심(道心)과 공심(公心)의 회복으로 이어지며, 삶을 보다 넓은 관점에서 바라보게 한다.

특히 국선도의 단전호흡은 현대 심리학과 뇌과학 연구에서 밝혀진 자율신경계 조절과 스트레스 완화 효과와도 맥을 같이하며, 전통 수련법이 현대 사회에서도 유효함을 보여준다.

맺음말

국선도 수련의 목표는 부조화된 심신을 조화롭게 만들고, 인간의 잠재 능력을 최대한 개발하여 몸과 마음, 정신이 조화된 전인적 인간 완성에 있다.

이는 단순한 건강법이나 운동을 넘어, 인간을 본래의 자리로 회복시키는 길이다. 몸의 기운을 충만하게 하고, 마음을 맑게 하며, 정신을 밝히는 국선도의 수련 체계는 현대인에게도 여전히 깊은 의미와 실천적 가치를 지닌다.

따라서 국선도는 전통 수련의 한 갈래에 머무르지 않고, 오늘날의 삶 속에서도 적용 가능한 통합적 심신 수련의 길이라 할 수 있다.

2.
국선도의 수련 내용

수련체계 개관

국선도의 수련 체계는 준비운동→단전행공→정리운동이라는 세 단계로 나뉜다. 이 흐름은 단순한 운동 과정이 아니라, 몸을 풀고 (準備), 기를 모아 운행하며(行功), 다시 안정시키는(整理) 생리적·심리적 과정으로 설계되어 있다.

(1) 준비운동(기혈순환 유통법)

60여 가지의 동작으로 이루어져 있으며, 전신의 관절과 근육을 고르게 풀어 준다. 이는 단순한 스트레칭과 달리 호흡과 의식 집중을 동시에 강조한다.

준비운동을 통해 말단에서 중심으로, 다시 중심에서 온 몸으로 기혈의 흐름을 열어주며, 단전행공을 위한 몸과 마음의 기반을 다진다.

(2) 단전행공(丹田行功)

국선도의 핵심 수련법으로, 430여 가지의 동작이 존재한다. '행공'이란 곧 동작을 하며 숨쉬기를 통해 공력을 쌓는다는 뜻이다.

이 과정에서 하단전에 기를 축기하고, 전신으로 고르게 운행시켜 체력과 정신력을 동시에 강화한다.

(3) 정리운동(整裡運動)

30여 가지 동작으로 구성되며, 단전에 모인 기를 전신에 유통시키고, 근육과 신경을 이완시켜 수련을 마무리한다.

이 정리운동은 단전행공이 끝나고 나서 행하는 동작으로 반드시 하여야 한다.

준비운동의 의의와 구성

국선도의 준비운동은 단순한 몸풀기가 아니라, 기의 길을 트는 의식적 절차다. 전신의 관절과 근육을 다양한 각도에서 움직이며, 기가 잘 통하지 않는 부위를 점차 열어 준다.

- 손끝·발끝 자극: 말단에서 중심으로 기혈을 끌어올린다.
- 관절 회전: 손목·발목·어깨·고관절을 움직이며, 혈류 순환을 돕는다.
- 척추 풀기: 척추를 좌우로 비틀고 앞뒤로 움직이며, 중추신경과 독맥을 자극한다.

- 호흡 결합: 모든 동작은 들숨과 날숨에 맞춰 이루어져, 단전호흡의 기본을 자연스럽게 익히도록 한다.

요가에서는 이완을 목적으로 하기 때문에 숨을 내쉬며 동작을 하나, 국선도에서는 기의 충일을 목적으로 하기 때문에 단전으로 숨을 마시고 멈춘 상태에서 동작을 하고 원 위치할 때에 숨을 토한다.

준비운동을 마친 후, 수련자는 몸이 따뜻해지고 호흡이 고르게 정돈되는 것을 경험하게 된다.

단전행공의 구조와 의미

(1) 단전행공의 정의

'단전행공'은 동작을 하며 숨쉬기를 통해 단전에 기를 모아 공력을 기른다는 뜻이다. 동작과 호흡을 결합하여 하단전에 기를 축적하며, 이를 전신에 유통시킨다.

(2) 단계적 발전

국선도의 행공은 다음과 같이 단계적으로 심화된다.

1) 정각도 단계

단전호흡으로 몸에 기운을 채우면서, 다양한 자세를 취하는 행공을 하여 몸 안의 기가 전신으로 소통되도록 한다.

중기단법, 건곤단법, 원기단법으로 구성되어 있다.

2) 통기법 단계

몸 안의 충만한 기운으로 몸 안의 모든 경락과 혈맥을 열고, 내 몸의 기가 우주의 기와 막힘없이 통하도록 한다.

진기단법, 삼합단법, 조리단법으로 구성되어 있다.

3) 선도법 단계

완전히 도가 통하여 깨달은 하늘 사람, 즉 선인(仙人)이 되는 수련 법이다.

삼청단법, 무진단법, 진공단법으로 구성되어 있다.

(3) 대표적 원리

1) 수승화강(水昇火降) 원리

화기와 수기가 조화롭게 작용하기 위해서는 신장의 수기는 위로 올라 머리를 맑게 하고, 심장의 화기는 아래로 내려 배를 따뜻하게 해야 한다.

이때 머리는 시원하고 배는 따뜻한 상태가 되어, 상하가 균형을 이루는 안정된 몸의 상태가 형성된다.

2) 정·기·신 삼위일체 원리

하단전에 정(精)이 충만해지면 상단전의 기(氣)가 자연스럽게 강화 되고, 상단전의 기가 충실해질수록 중단전의 신(神)이 밝아진다.

이처럼 정·기·신은 서로를 북돋우며 하나의 흐름으로 작용한다.

3) 심기혈정(心氣血精) 원리

마음이 향하는 곳으로 기가 흐르고, 기가 흐르는 곳으로 혈이
따르며, 혈이 모이는 곳에 정이 자리한다.

따라서 기와 혈, 정의 움직임은 모두 마음에서 출발하며, 수련의
핵심 또한 마음의 바른 운용에 있다.

정리운동의 필요성

정리운동은 단순히 수련의 끝맺음이 아니라, 모아둔 기를 온몸
에 고르게 분포시키는 과정이다.

- 긴장 완화: 어깨와 고관절 등을 부드럽게 움직이며 긴장을 풀
  어준다.
- 기혈순환 원활: 몸을 골고루 움직여 주면서 온 몸에 기가 원활
  히 흐르게 한다.
- 호흡 안정: 깊고 고른 호흡으로 맺은 수련을 정리한다.

정리운동을 소홀히 하면, 단전행공에서 모아둔 기가 흩어지거나
상체로 몰려 불편감을 줄 수 있으므로 반드시 행해야 한다.

단전호흡(돌단자리 호흡)의 핵심

국선도의 호흡법은 흔히 '돌단자리 숨쉬기'라 불린다. 여기서 돌단자리는 하단전(배꼽 아래 약 3촌, 즉 7~8cm 지점 안 쪽에 기운이 형성되는 자리)을 우리말로 표현한 것이다.

하단전은 생명 에너지의 중심이자 기가 모이는 자리로, 국선도의 모든 수련은 이곳에 마음과 호흡을 모으는 것에서 시작한다.

국선도의 단전호흡은 일반적인 단전호흡과 달리 '정·기·신 삼단전의 통합'과 '이단호흡'이라는 독특한 구조를 가진다.

(1) 삼단전(三丹田)의 통합

1) 상단전: 머리(뇌 중앙), 의식과 기(氣)의 자리.

2) 중단전: 가슴(심장 부위), 감정과 신(神)의 자리.

3) 하단전: 복부(아랫배), 힘과 정(精)의 자리.

국선도에서는 상단전의 기와 중단전의 신을 정이 있는 하단전에 모아 통합하는 것을 중시한다. 즉, 기운을 상부에서 하부로 내린다는 생각을 하면서, 마음을 고요히 하단전에 두고, 하단전으로 심호흡을 한다.

(2) 이단호흡(二段呼吸)

일반적 단전호흡은 들이쉬고(吸) 내쉬는(呼) 두 단계로만 구성된다. 그러나, 국선도의 단전호흡에는 '지식(止息, 숨멈춤)'이라는 중간

단계가 포함되며, 이것이 피부호흡으로 자연스럽게 연결된다.

1) **흡지(吸止)**: 들이쉰 후 멈춤→기를 단전에 저장.
2) **호지(呼止)**: 내쉰 후 멈춤→기가 흩어지지 않도록 안정.

이렇게 생각으로 기운을 유도하면서 호흡을 하는 동안 기가 쌓이게 되는데, 이것을 축기(畜氣) 즉, 기가 쌓였다고 말한다.

정리하면, 마음이 고요한 경지에서 상단전의 기와 중단전의 신을 정이 있는 하단전에 집중시키면서 하단전으로 깊은 호흡을 하는데, 들숨과 날숨, 날숨과 들숨 사이에 잠시 멈추었다가 서서히 들이쉬고 내쉰다.

단계별 호흡 수련

정각도에서 국선도의 호흡법은 준비운동 후에 고요히 마음을 가라앉히는 조심(調心)과 숨을 고르는 조식(調息)을 하게 되는데, 다음과 같이 점진적으로 심화된다.

(1) 초기 단계(중기단법)
1) **호흡 리듬**: 흡 5초→호 5초(흡과 호, 호와 흡 사이에 잠깐 머뭄).
2) **목표**: 아랫배가 자연스럽게 오르내리고, 단전에 따뜻한 온기를 느끼는 것.

(2) 중기 단계(건곤단법)

1) 호흡 리듬: 흡 5초→흡지 5초→호 5초→호지 5초.

2) 목표: 기가 척추(독맥)와 앞몸통(임맥)을 따라 오르내리는 감각 체득.

이 단계에서 '소주천(小周天)'이라 불리는 기순환이 시작되는데, 처음에는 의식이나 마음으로 돌리는 것이므로 기감이 없으나, 수련이 깊어질수록 기감을 느끼게 된다.

(3) 심화 단계(원기단법)

1) 호흡 리듬: 건곤단법과 같이 흡, 흡지, 호, 호지 라는 형식은 같으나, 흡과 흡지는 점차 길어지고 호와 호지는 점차 줄어든다.

2) 목표: 12경, 365혈 유통으로 오장육부 및 전신에 기혈을 고르게 퍼뜨려 병의 예방 및 치유를 하고, 몸과 마음이 합일되는 상태 체험.

이 단계에서는 '대주천(大周天)'이라 불리는 온몸의 경락 순환이 열려, 기·혈·전신이 일체화가 되고, 내몸의 기가 우주의 기와 통하게 된다.

수련 중 나타나는 변화와 변고

국선도 기수련 과정에서는 신체와 정신에 다양한 변화가 나타날 수 있다. 이러한 변화는 크게 정상적인 변화와 비정상적인 변고 현상으로 구분되며, 수련자는 그 차이를 분별할 수 있어야 한다.

(1) 정상적인 변화
수련이 올바르게 진행될 때 나타나는 변화로, 신체와 정신이 조화롭게 회복되는 과정에서 자연스럽게 발생한다.

- 기분이 상쾌해지고 마음이 안정된다.
- 몸이 가볍고 유연해지며 움직임이 편안해진다.
- 수면의 질이 깊어지고 소화와 배설이 원활해진다.
- 식욕이 생기고 기혈 순환이 좋아진다.
- 손발이 따뜻해지거나 단전 부위에 따뜻함·시원함·진동이 느껴질 수 있다.
- 기존의 질병 증상이 서서히 완화되거나 회복될 수 있다.

이러한 현상은 체질(음·양), 연령, 수련 강도와 방법에 따라 다르게 나타날 수 있으며, 몸이 스스로 노폐물을 정화하고 균형을 회복하는 자연스러운 과정으로 이해해야 한다.

(2) 비정상적인 변고 현상
수련 방법이 올바르지 않거나 무리하게 진행될 경우 다음과 같은 증상이 나타날 수 있다.

- 가슴이나 명치 부위의 답답함과 통증

- 소화 장애, 극심한 피로감
- 짜증, 불쾌감, 두통, 눈의 피로
- 의욕 저하와 심리적 불안정

이러한 변고는 주로 자연스러운 단전호흡이 아닌 억지스러운 복식호흡, 수면 부족, 과도한 집착이나 잡념 속에서의 수련 등으로 인해 발생한다.

(3) 변고 발생 시의 대처 원칙

- 무리한 수련을 즉시 중단하고 휴식을 취한다.
- 올바른 단전 호흡으로 돌아가거나 지도자의 지도를 받는다.
- 충분한 수면과 가벼운 산책, 일상 활동으로 균형을 회복한다.
- 과일이나 소량의 염분 섭취가 도움이 될 수 있다.

증상이 악화되었다가 다시 호전되는 경우는 병의 재발이 아니라 근본 치유 과정일 수 있음을 이해한다. 수련은 치료 행위가 아니라 자연치유력을 회복하는 과정이며, 옛 선가에서는 이를 "도를 통해 병을 고친다(以道而治病)"고 표현하였다.

(4) 수련자의 기본 자세

국선도 수련에서 가장 중요한 것은 조급함을 버리고 자신의 몸 상태에 맞게 성실히 수련하는 태도이다. 처음부터 무리하지 말고, 변화가 나타날수록 더욱 조심스럽게 자신의 몸과 마음을 살펴야 한다.

  수련은 빠른 결과를 얻기 위한 경쟁이 아니라, 몸과 마음을 자연
의 흐름 속으로 되돌리는 과정임을 항상 염두에 두어야 한다.

부록 2

불교 원전에 따른 명상법

1.
출입식경
—호흡 속의 깨달음

출입식경의 성립과 성격

출입식념경(出入息念經, Ānāpānasati Sutta), 흔히 '출입식경'이라 불리는 이 경전은 부처가 비구들에게 설한 호흡 명상에 관한 근본 경전이다.

이 경은 들숨과 날숨이라는 가장 기본적인 생리 작용을 수행의 대상으로 삼아, 마음의 안정에서 해탈에 이르는 전 과정을 단계적으로 제시한다.

'Ānāpāna'는 '들숨과 날숨', 'Sati'는 '마음챙김'을 뜻하므로, 이 경에서 말하는 '출입식(出入息)'은 단순한 호흡 조절이 아니라, 호흡을 대상으로 한 끊임없는 알아차림이다.

수행자는 숨을 조작하지 않고, 들고 나는 숨이 일어나는 과정을 있는 그대로 관찰한다. 이를 통해 몸과 마음의 상태를 분명히 알고, 집착과 분별을 여의는 수행으로 나아간다.

출입식경은 이후 불교 명상 전통에서 사마타와 위빠사나를 함께
아우르는 대표적 수행법으로 자리 잡았으며, 특히 '출입식십육행(出
入息十六行)'이라는 체계로 정리되어 전승되었다.

출입식경의 기본 수행 자세

경전에서는 수행의 기본 자세를 다음과 같이 제시한다.

"비구는 숲이나 나무 아래, 혹은 고요한 곳에 가서 앉아 다리를 포개고,
몸을 곧게 세우며, 알아차림을 앞에 두고 들숨과 날숨을 관찰한다."

이는 수행의 외형을 규정하기 위함이 아니라, 몸을 안정시키고
마음을 현재에 두기 위한 조건을 밝힌 것이다.
다리를 포개어 앉고 몸을 곧게 세우는 것은 신체의 불필요한 긴
장을 줄이기 위함이며, 알아차림을 앞에 둔다는 것은 호흡에 지속
적으로 마음을 머물게 함을 뜻한다.

출입식십육행의 구조와 내용

출입식경의 핵심은 열여섯 단계로 구성된 수행 체계이다. 이 열여

섯 단계는 네 개의 묶음으로 나뉘며, 각각 몸·느낌·마음·법(진리)에 대한 관찰로 이어진다.

이 구조는 수행자가 호흡이라는 하나의 대상에 머물면서도, 점차 관찰의 깊이와 범위를 확장하도록 설계되어 있다.

(1) 몸에 대한 관찰(제1~4행)

1) 수행자는 숨이 길게 들어오면 길게 들어오는 숨임을 알고, 짧게 들어오면 짧게 들어오는 숨임을 안다.

2) 숨이 길게 나가면 길게 나가는 숨임을 알고, 짧게 나가면 짧게 나가는 숨임을 안다.

3) 온몸의 호흡을 분명히 느끼며 숨을 쉰다.

4) 몸의 형성과 작용이 고요해지도록 숨을 쉰다.

이 단계는 호흡을 통해 몸의 상태를 명확히 인식하고, 신체적 긴장을 점차 가라앉히는 과정이다.

(2) 느낌에 대한 관찰(제5~8행)

5) 수행자는 호흡과 함께 일어나는 기쁨을 분명히 알아차린다.

6) 수행자는 호흡과 함께 일어나는 즐거움을 분명히 알아차린다.

7) 수행자는 마음의 형성과 작용을 분명히 알아차린다.

8) 마음의 형성과 작용이 고요해지도록 숨을 쉰다.

이 단계에서는 호흡에 집중함으로써 일어나는 미세한 감정과 느낌을 관찰하며, 쾌·불쾌에 대한 집착을 줄여 간다.

(3) 마음에 대한 관찰(제9~12행)

9) 수행자는 마음을 분명히 알아차린다.

10) 마음을 기쁘게 하며 숨을 쉰다.

11) 마음을 집중시키며 숨을 쉰다.

12) 마음을 해방시키며 숨을 쉰다.

이 단계는 마음의 상태 자체를 수행의 대상으로 삼아, 산란한 마음을 모으고 집착에서 벗어나게 하는 과정이다.

(4) 법에 대한 관찰(제13~16행)

13) 수행자는 무상함을 관찰하며 숨을 쉰다.

14) 소멸을 관찰하며 숨을 쉰다.

15) 집착의 사라짐을 관찰하며 숨을 쉰다.

16) 내려놓음을 관찰하며 숨을 쉰다.

이 마지막 단계는 모든 현상이 무상하고 집착할 실체가 없음을 통찰하는 수행으로, 해탈의 지혜로 나아가는 문이다.

출입식경의 수행적 의미

출입식경은 복잡한 이론이나 개념을 요구하지 않는다. 숨이 들고 나는 바로 그 자리에서 수행이 시작되고 완성된다.

수행자는 호흡을 통해 몸을 안정시키고, 느낌과 마음을 관찰하며, 마침내 모든 집착을 내려놓는 지혜에 이른다.

이 구조는 숨을 쉬는 행위 하나를 온전하게 알아차리는 것만으로도, 불교의 최종 목표인 해탈에 이를 수 있다는 '완전한 지도'를 제시한 것이다.

이 경전은 명상이 특정한 상황이나 장소에 한정되지 않음을 분명히 한다. 숨이 있는 곳이면 어디서든 수행의 길이 열려 있다.
그러므로 출입식경은 불교 명상의 입문이자, 끝까지 함께하는 근본 수행법이라 할 수 있다.

호흡과 의식의 통합 원리

출입식경에서 말하는 호흡은 단순한 생리적 숨쉬기가 아니다. 호흡은 몸과 마음, 감각과 의식이 만나는 접점이며, 의식이 머무를 수 있는 가장 안정적이고 지속적인 대상이다.
인간의 의식은 본래 외부 대상이나 생각에 쉽게 끌려가며, 그 흐름은 대부분 무의식적이다. 그러나 호흡은 언제나 현재에 존재하고, 의도하지 않아도 계속 이루어지는 생명 작용이므로 의식을 현재로 되돌리는 가장 직접적인 통로가 된다.

출입식 수행에서 수행자는 숨을 조절하거나 통제하려 하지 않고, 들이쉬는 숨과 내쉬는 숨을 있는 그대로 알아차린다.

이때 중요한 점은 호흡을 '보는 나'와 '대상인 호흡'이 분리되지 않는 상태다. 호흡을 관찰하는 의식은 점차 호흡 그 자체와 하나가 되며, 의식은 생각의 대상에서 벗어나 지금-여기에 머문다.

이 과정에서 호흡은 점차 거칠음에서 미세함으로, 의식은 산란에서 안정으로 옮겨간다. 숨이 고요해질수록 마음도 고요해지고, 마음이 고요해질수록 숨은 더욱 미세해진다.

이것이 바로 호흡과 의식이 둘이 아니라 하나로 작용하는 통합의 원리다.

출입식경에서 말하는 수행의 성숙은 호흡이 사라지는 데 있지 않고, 호흡에 대한 조작이 사라지는 데 있다. 이때의 호흡은 자연스럽게 이어지되, 의식은 더 이상 숨을 '하고 있다'는 감각에 매이지 않는다.

이 상태에서 수행자는 몸·느낌·마음·법을 분별 없이 관찰할 수 있는 안정된 알아차림의 토대를 얻게 된다.

사마타와 위빠사나의 연결

출입식경의 가장 큰 특징은 사마타(止, 집중)와 위빠사나(觀, 통찰)를 단계적으로 분리하지 않고 하나의 흐름으로 제시한다는 점이다.

초기 수행에서 호흡을 지속적으로 알아차리는 과정은 마음을 한 대상에 머물게 하여 산란을 가라앉히고 집중을 깊게 한다. 이 과정은 전통적으로 사마타 수행이라 불린다.

그러나 출입식경에서는 이 집중 상태를 별도의 경지로 고정하지 않는다. 집중이 깊어질수록 수행자는 호흡과 함께 나타나는 몸의 감각, 느낌, 마음의 움직임을 자연스럽게 알아차리게 된다.
이때 수행자는 호흡을 붙잡고 있는 것이 아니라, 호흡을 바탕으로 일어나는 모든 현상을 관찰한다. 이 관찰 속에서 몸의 감각은 변하고, 느낌은 생겨났다 사라지며, 마음의 상태 또한 고정되지 않음을 분명히 보게 된다.
이것이 곧 위빠사나, 즉 통찰이다.

출입식십육행에서 초기의 몸·느낌 관찰은 사마타적 성격이 강하지만, 중·후반부의 마음과 법에 대한 관찰은 무상·고·무아의 통찰로 자연스럽게 이어진다.
즉, 출입식경에서는 사마타가 위빠사나를 준비하는 단계가 아니라, 사마타가 깊어질수록 위빠사나가 저절로 드러난다.

이 점에서 출입식 수행은 집중명상과 통찰명상을 인위적으로 구분하지 않고, 호흡 하나로 두 수행을 함께 성취하는 길을 제시한다. 이는 수행자가 특정 경지나 체험에 집착하지 않도록 하며, 수행 전반을 자연스럽고 안정된 흐름 속에서 지속하게 한다.

2.
대념처경
─알아차림의 완전한 길

경전의 성립 배경과 의의

대념처경(大念處經, Mahā-satipaṭṭhāna Sutta)은 불교 수행 전통에서 가장 핵심적인 관찰 수행의 체계를 제시하는 경전이다.

'Satipaṭṭhāna'는 sati(念, 알아차림)와 paṭṭhāna(確立, 세움) 의 합성어로, '마음을 지금 이 자리의 몸과 경험 위에 분명히 세우는 것'을 뜻하며, 이 경전은 초기 불교 수행 체계에서 몸·느낌·마음·법(진리)의 작용을 있는 그대로 알아차림으로써 해탈에 이르는 '직행로'를 제시하는 경으로 평가된다.

부처는 이 경에서 사념처(四念處), 즉 몸·느낌·마음·법에 대한 관찰이 어떻게 수행되어야 하며, 그 관찰이 어떤 방향으로 수행자의 인식과 삶을 변화시키는지를 단계적으로 설명한다.

대념처경은 특정한 명상 기법을 소개하는 경전이 아니라, 불교 수행 전체를 관통하는 관찰의 틀을 제시하는 경전이다. 불교의 다양한 수행법은 모두 이 사념처의 틀 안에서 이해될 수 있다.

이 때문에 대념처경은 '불교 명상의 지도'라 불리기도 하며, 수행자가 길을 잃지 않도록 방향을 제시하는 기준점 역할을 한다.

특히, 대념처경은 수행을 특정 장소나 좌선 상태에 국한하지 않는다. 앉아 있을 때, 서 있을 때, 걷고 있을 때, 누워 있을 때, 말하고 있을 때, 침묵하고 있을 때 등 삶 전체가 수행의 장임을 분명히 한다.

이 점에서 대념처경은 단순한 명상법을 넘어, 삶의 태도와 인식 전환의 가르침이라 할 수 있다.

'념(念)'과 '관찰(觀)'의 의미

대념처 수행을 이해하기 위해서는 먼저 '념(念)'과 '관찰(觀)'의 의미를 분명히 할 필요가 있다. 이는 단순히 '집중'이나 '생각'과는 다른 개념이다.

(1) 념(念)의 의미

불교에서 말하는 '념(念)'은 지금 이 순간에 일어나고 있는 현상을 잊지 않고 분명히 알아차리는 마음의 작용이다. 이는 과거를 회상하거나 미래를 상상하는 사고 활동이 아니라, 현재의 경험을 있는 그대로 기억하며 깨어 있는 상태를 뜻한다.

념은 대상에 매달리는 집착이 아니다. 또한 감각을 억누르거나 판단하는 태도도 아니다. 념은 단지 "지금 여기에서 무엇이 일어나고 있는가"를 놓치지 않는 정신적 태도이다.

(2) 관(觀)의 의미

'관(觀)'은 념을 바탕으로 하여 대상을 있는 그대로 바라보되, 그 성질을 통찰하는 작용이다. 관은 분석적 사유가 아니라, 반복되는 알아차림 속에서 자연스럽게 드러나는 이해다.

관찰은 다음과 같은 방향성을 지닌다.
- 대상이 무상(無常)함을 본다.
- 대상이 고정된 자아가 아님을 본다.
- 대상이 집착할 실체가 아님을 본다.

이러한 관찰은 억지로 만들어내는 결론이 아니라, 념이 지속될 때 스스로 드러나는 통찰이다.

(3) 념과 관의 관계

념이 바탕이 되지 않으면 관은 공허한 사유가 된다. 또한, 관이 동반되지 않으면 념은 단순한 주의 집중에 머문다.

대념처 수행은 념으로 깨어 있고, 관으로 이해가 깊어지는 과정이다.

사념처 수행의 기본 관점과 공통 원리

사념처 수행은 네 가지 대상(몸·느낌·마음·법)을 각각 따로 수행하는 네 개의 명상이 아니다. 이는 하나의 관찰 태도가 점차 확장·심화되는 구조이다.

(1) 공통 관점

대념처경에서 반복적으로 강조되는 관찰 태도는 다음과 같다.

- 대상은 대상 그대로 관찰한다.
- 좋고 나쁨을 덧붙이지 않는다.
- '나의 것'이라는 동일시를 붙이지 않는다.
- 일어남과 사라짐을 함께 본다.

이러한 관찰은 억지로 중립을 유지하려는 태도가 아니라, 개입하지 않는 정직한 주시다.

(2) 수행의 방향성

사념처 수행은 다음의 방향으로 전개된다.

- 거친 대상에서 미세한 대상으로
- 외적인 대상에서 내적인 인식으로
- 현상 관찰에서 구조 이해로

즉, 신념처→수념처→심념처→법념처는 분리된 단계가 아니라 연속적인 심화 과정이다.

(3) 수행의 목표

사념처 수행의 목표는 특정한 상태를 얻는 데 있지 않다. 그 목표는 집착하지 않는 이해, 즉 현상을 있는 그대로 보되 거기에 끌려가지 않는 자유이다.

신념처 수행의 대상과 관찰 방식

신념처(身念處)는 사념처 수행의 출발점이다. 이는 수행자가 몸이라는 가장 분명한 대상을 통해 관찰의 태도를 익히기 위함이다.

(1) 몸을 관찰 대상으로 삼는 이유

몸은 항상 현재에 있다. 과거의 몸이나 미래의 몸은 개념일 뿐이며, 지금 느껴지는 감각과 움직임만이 실제이다.

따라서 신념처 수행은 수행자를 지금 여기로 돌아오게 하는 가장 확실한 통로이다.

(2) 신념처의 주요 관찰 대상

대념처경에서 제시하는 신념처의 대상은 다음과 같다.

- 호흡의 들고 남
- 네 가지 자세(행·주·좌·와)
- 신체의 움직임과 활동
- 신체 구성 요소
- 신체의 변화와 소멸

이 관찰은 해부학적 분석이나 사유가 아니다. 그저 지금의 몸에서 일어나는 경험을 놓치지 않고 보는 것이다.

(3) 신념처 수행의 의미

신념처 수행은 '이 몸이 나다'라는 동일시를 느슨하게 한다. 몸은 관찰의 대상이 되며, 관찰하는 자는 몸과 일정한 거리를 갖게 된다.

이때 처음으로 수행자는 대상과 자신을 구분하는 관점을 얻게 된다.

수념처 수행의 대상과 관찰 방식

수념처(受念處)는 몸에서 한 단계 더 나아가, 느낌(受)을 관찰 대상으로 삼는 수행이다.

여기서 말하는 느낌은 감정이나 생각이 아니라, 경험이 일어날 때 즉각적으로 동반되는 감각적 반응이다.

(1) 느낌의 성격

대념처경에서 느낌은 세 가지로 구분된다.

- 즐거운 느낌
- 괴로운 느낌
- 즐겁지도 괴롭지도 않은 느낌

이 구분은 단순하지만, 인간의 모든 반응은 이 세 느낌을 중심으로 전개된다.

즐거운 느낌에는 붙잡으려는 마음이 생기고, 괴로운 느낌에는 피하려는 마음이 생기며, 중성적인 느낌에는 무관심이나 둔감함이 생긴다.

(2) 수념처 관찰의 핵심

수념처 수행의 핵심은 느낌이 곧바로 갈애와 집착으로 이어지는 연결 고리를 알아차리는 데 있다.

느낌 자체는 죄가 없다. 문제는 느낌을 '나의 것'으로 붙잡는 순간 발생한다. 수념처 관찰은 바로 이 지점을 드러낸다.

(3) 관찰의 방식

수념처 수행에서는 느낌을 제거하거나 바꾸려 하지 않는다.
그저 다음과 같이 관찰한다.

- 지금 어떤 느낌이 있는가
- 이 느낌은 어떻게 생겨났는가
- 이 느낌은 머무는가, 사라지는가

이러한 관찰이 반복되면, 느낌은 더 이상 '나를 끌고 가는 힘'이 아니라 왔다가 가는 현상으로 인식되기 시작한다.

심념처 수행의 대상과 관찰 방식

심념처(心念處)는 마음의 상태 자체를 관찰 대상으로 삼는 수행이다. 이는 느낌보다 더 미묘한 영역이며, 자아 동일시가 가장 강하게 작동하는 층위이기도 하다.

(1) 마음 상태의 분류

대념처경은 마음을 도덕적 판단이 아니라 상태의 차원에서 분류한다.

예를 들면 다음과 같다.
- 탐욕이 있는 마음 / 없는 마음
- 성냄이 있는 마음 / 없는 마음
- 산란한 마음 / 고요한 마음
- 집중된 마음 / 흩어진 마음

이 분류의 목적은 마음을 고치거나 평가하기 위함이 아니다. 지금 어떤 마음 상태가 작동 중인지 분명히 아는 것이 목적이다.

(2) '마음=나' 동일시의 해체

심념처 수행이 깊어질수록 수행자는 중요한 전환점을 맞이한다. "이 마음이 곧 나다"라는 인식이 "이 마음도 관찰되는 하나의 상태다"로 바뀐다.

이때 수행자는 마음에 끌려다니는 존재에서 마음을 바라볼 수 있는 자리로 이동한다.

(3) 심념처의 의의

심념처는 감정 조절이나 심리 안정만을 목표로 하지 않는다. 그 핵심은 자아 동일시의 해체이다.

마음이 나라는 생각이 느슨해질 때, 수행자는 처음으로 자유의 여지를 경험한다.

법념처 수행의 대상과 관찰 방식

법념처(法念處)는 사념처 수행의 가장 심층적인 단계다. 여기서 '법'은 교리 그 자체가 아니라, 경험을 구성하는 구조와 원리를 뜻한다.

(1) 법념처의 관찰 대상

대념처경은 법념처의 대상으로 다음을 제시한다.

- 오개(五蓋)—수행을 방해하는 5가지 장애물
- 오온(五蘊)—색(色)·수(受)·상(想)·행(行)·식(識)은 모두 무상하고, 집착할 실체가 없음
- 육입처(六入處)—눈·귀·코·혀·몸·뜻의 여섯 감각기관이 인연 따라 작용함
- 칠각지(七覺支)—올바른 깨달음에 이르는 일곱 가지 길
- 사성제(四聖諦)—고(苦)·집(集)·멸(滅)·도(道)의 네 가지 진리

이들은 이론으로 암기하기 위한 항목이 아니라, 수행자의 실제 경험 속에서 관찰되는 구조이다.

(2) 구조를 보는 관찰

법념처 수행에서 관찰은 개별 현상보다 패턴과 연결 구조로 이동한다.

예를 들면 다음과 같다.

- 어떤 조건에서 번뇌가 일어나는가
- 어떤 조건에서 마음이 맑아지는가
- 깨달음의 요소는 어떻게 성장하는가

이러한 관찰은 삶과 수행을 분리하지 않는다. 일상의 경험 자체가 수행의 자료가 된다.

(3) 법념처의 완성 의미

법념처 수행은 '나'라는 중심에서 세계를 해석하는 관점을 벗어나, 조건과 연기의 관점으로 삶을 바라보게 한다.

이 지점에서 수행은 개인적 수행을 넘어 지혜의 삶으로 확장된다.

사념처 수행의 단계적 전개와 통합 구조

대념처 수행은 단순히 네 가지 대상(몸·느낌·마음·법)을 나열하여 관찰하는 수행이 아니다. 그 핵심은 관찰의 깊이가 점차 심화되며, 수행자의 인식 구조 전체가 전환되는 단계적 과정에 있다.

(1) 신념처에서 시작되는 관찰의 토대

사념처 수행은 항상 신념처(身念處)에서 시작된다. 이는 수행자가 가장 직접적으로 경험할 수 있는 대상이 '몸'이기 때문이다.

신념처의 수행은 다음과 같은 순서를 따른다.
- 호흡에 대한 알아차림(출입식념)
- 자세에 대한 알아차림(행·주·좌·와)
- 신체 구성 요소에 대한 관찰(머리카락, 피부, 뼈, 장기 등)
- 사대(지·수·화·풍)에 대한 관찰

이 단계에서 수행자는 몸을 '나' 혹은 '내 것'으로 파악하던 습관적 인식에서 점차 벗어나, 몸을 조건 지어진 현상으로 관찰하기 시작한다.

이것은 수행의 기초이자, 이후 모든 통찰 수행의 출발점이다.

(2) 수념처: 감각과 반응의 구조를 보다

신념처가 안정되면 수행자는 자연스럽게 수념처(受念處)로 나아간다. 수념처란 감각 경험에 수반되는 느낌(쾌·불쾌·중성)을 관찰하는 수행이다.

여기서 중요한 점은, 느낌을 없애려 하지 않는 것, 느낌에 따라 움직이지 않는 것, 느낌을 있는 그대로 알아차리는 것이다.

수행자는 이 단계에서 다음과 같은 사실을 체험적으로 이해하게
된다.
- 모든 느낌은 생겨나고 사라진다
- 느낌 자체는 괴로움도 즐거움도 아니며,
- 집착과 혐오가 괴로움을 만든다

이것은 고(苦)에 대한 직접적 통찰의 시작이다.

(3) 심념처: 마음의 상태를 비추다
수념처의 관찰이 성숙하면, 수행자는 심념처(心念處)로 나아간다.
심념처는 특정한 생각의 내용이 아니라, 마음의 상태 자체를 관찰
하는 수행이다.

경전에서는 다음과 같은 마음 상태들을 예로 든다.
- 탐욕이 있는 마음 / 없는 마음
- 성냄이 있는 마음 / 없는 마음
- 산란한 마음 / 고요한 마음
- 집중된 마음 / 집중되지 않은 마음

이 단계에서 수행자는 '생각하는 나'라는 주체감이 점차 느슨해짐
을 경험한다. 마음은 더 이상 '나'가 아니라, 관찰 가능한 하나의 현
상이 된다.

(4) 법념처: 진리의 구조를 관찰하다

사념처 수행의 마지막은 법념처(法念處)다.

법념처는 수행자가 이미 체험적으로 익힌 관찰을 바탕으로, 불교의 핵심 가르침을 직접적인 경험의 차원에서 재확인하는 단계다.

법념처에서 관찰되는 주요 대상은 다음과 같다.

- 오개(五蓋): 탐욕, 성냄, 해태, 들뜸, 의심
- 오온(五蘊): 색·수·상·행·식
- 육입처(六入處): 여섯 감각기관과 대상
- 칠각지(七覺支): 깨달음으로 성숙해 가는 일곱 가지 마음의 작용
- 사성제(四聖諦): 고통과 해탈의 네 가지 진리

이 단계에서 수행자는 현상과 가르침이 분리되지 않음을 체험하게 된다. 경전은 더 이상 이론이 아니라, 지금 이 자리에서 확인되는 사실이 된다.

(5) 사념처의 통합적 구조

사념처는 네 개의 독립된 수행이 아니다. 실제 수행에서는 다음과 같이 유기적으로 통합된다.

- 몸을 관찰하면 느낌이 드러나고,
- 느낌을 관찰하면 마음의 반응이 드러나며,
- 마음을 관찰하면 법의 구조가 드러난다

따라서 사념처 수행은 몸→느낌→마음→법으로 점차 확장되는 하나의 연속적 수행 과정이다.

출입식경과 대념처경의 관계

출입식경과 대념처경은 별개의 수행 체계가 아니다. 경전 전통에서 출입식념은 사념처 수행의 핵심적 기초로 간주된다.

(1) 출입식경의 역할
출입식경은 수행자에게 다음을 제공한다.
- 안정된 집중(사마타)
- 현재성에 대한 지속적 자각
- 몸과 마음을 하나로 묶는 기준점

특히, 출입식십육행은 신념처·수념처·심념처·법념처를 모두 포괄하는 구조를 가지고 있다.

(2) 대념처경과의 구조적 연결
출입식십육행을 사념처에 대응시키면 다음과 같다.
- 1~4행→신념처
- 5~8행→수념처
- 9~12행→심념처
- 13~16행→법념처

즉, 출입식경은 사념처 수행을 호흡이라는 하나의 대상 안에서 통합 수행할 수 있도록 구성된 수행 체계이다.

이 점에서 출입식경은 사념처 수행의 '축약형이자 실천적 매뉴얼'이라 할 수 있다.

현대적 해석과 통합수행의 방향

현대 수행자에게 대념처경은 출가 수행자만의 경전이 아니라, 일상 속에서 실천 가능한 마음 훈련 체계이다.

대념처 수행은 다음과 같은 현대적 의의를 가진다.
- 스트레스와 감정 반응을 알아차리는 능력 향상
- 신체 감각과 감정의 분리 인식
- 자동적 사고 패턴의 해체
- 자기 동일시의 완화

이는 현대 심리학에서 말하는 메타인지, 감정 조절, 자기 인식과 깊이 연결된다.

대념처경은 '무엇을 생각해야 하는가'를 가르치는 경전이 아니다. 그것은 어떻게 알아차릴 것인가를 가르치는 수행의 지도이다.

몸을 몸으로 알고, 느낌을 느낌으로 알고, 마음을 마음으로 알고, 법을 법으로 알 때, 수행자는 더 이상 몸도, 느낌도, 마음도 붙잡지 않는다.

이것이 바로 대념처 수행이 지향하는 해탈의 실제적 길이다.

오늘날 대념처경의 수행 원리는 MBSR(마음챙김 기반 스트레스 감소), MBCT(마음챙김 기반 인지치료) 등 현대 심리치료의 핵심이 되었다.

그러나 그 본질은 변하지 않았다. 그것은 '지금 여기에서 깨어 있는 마음'이다.

국선도의 단전호흡이 몸의 중심을 세우는 법이라면, 대념처경의 수행은 마음의 중심을 세우는 법이다. 이 둘이 합쳐질 때, 몸과 마음의 진정한 조화, 즉 '성명쌍수(性命雙修)'가 이루어진다.

숙면을 위한 몸스캔 명상

몸과 마음이 잠드는 시간

밤은 단순히 하루의 끝이 아니라, 온몸의 기운이 하강하고 마음이 고요로 돌아가는 '귀의(歸依)'의 시간이다. 낮 동안의 분주한 움직임이 멎고, 의식은 다시 본래의 근원으로 돌아가려 한다.

그러나 현대인은 이 단순한 '돌아감'을 잃어버렸다. 몸은 지쳤지만 마음은 여전히 깨어 있고, 생각은 잠들지 못한 채로 몸을 지배한다.

몸스캔 명상은 이 깨진 균형을 회복하여, 몸과 마음이 함께 '쉼'의 문으로 들어가게 하는 수행이다.

몸스캔 명상의 본뜻

몸스캔 명상은 마음챙김(mindfulness)의 한 형태다. 불교에서는 이를 '신념처(身念處)'의 실제적 응용이라 할 수 있다. 즉, 몸의 감각을 '변화하는 과정'으로 관찰하며, 그 감각을 붙잡지 않고 있는 그대로 수용하는 것이다.

이 수행의 본질은 조작이 아닌 인식, 통제보다 알아차림에 있다. 몸을 바꾸려 하지 않고, 잠을 억지로 청하려 하지 않는다. 다만 지금의 몸과 마음이 어디에 머무는지를 '보는 것'—그 단순한 자각이 바로 잠의 문을 연다.

몸스캔 명상의 원리

몸스캔 명상은 다음 두 가지 주요 메커니즘을 통해 숙면을 돕는다.

(1) 신체적 이완

우리 몸은 스트레스나 불안을 느끼면 무의식적으로 근육이 긴장된다. 몸스캔 명상을 통해 신체의 각 부분을 의식적으로 스캔하고, 긴장된 부위를 알아차림으로써 스스로 그 긴장을 풀어줄 수 있다.

이는 근육통을 완화하고 몸 전체를 편안한 상태로 만든다.

(2) 정신적 안정

잠 못 드는 밤의 주된 원인 중 하나는 끝없는 걱정과 불안한 생각이다. 몸스캔 명상은 의식을 현재의 신체 감각에 집중시킴으로써 이러한 생각의 흐름을 끊어준다.

정신이 몸에 머무르는 동안, 부정적인 생각의 굴레에서 벗어나 심리적인 안정을 되찾을 수 있다.

준비

(1) 장소

조용하고 따뜻한 방이 적합하다.

불빛은 너무 밝지 않게 은은하게 조절하는 것이 좋다.

(2) 자세

침대나 요 위에 편안하게 눕는다.

다리는 어깨너비로 자연스럽게 벌리고, 손바닥은 위를 향하게 하여 몸 옆에 둔다.

(3) 호흡

서두르지 않고 코로 부드럽게 숨을 들이쉬고 내쉰다.

들이쉴 때는 아랫배가 천천히 부풀고, 내쉴 때는 자연스럽게 가라앉는다.

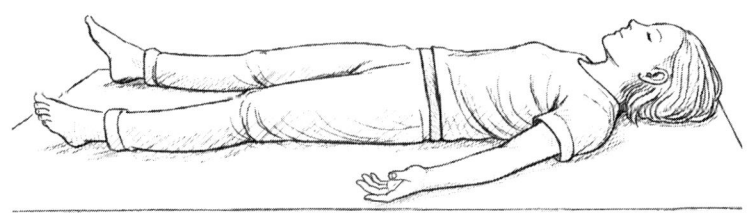

호흡이 점차 고르고 편안해지면, 마음속으로 다음과 같이 말한다.

"이제 나는 몸과 마음이 이완되며, 자연스럽게 잠의 품으로 들어간다."

몸을 따라가는 의식의 여정

이제부터 의식은 발끝에서 머리끝까지 천천히 움직인다. 이는 '몸의 경계를 따라 마음을 순환시키는 여행'과 같다.

서두르지 않고, 부드럽게, 감각을 억누르지 않으며 따라간다.

(1) 발가락

발가락 하나하나를 느껴보세요. 온기나 무게, 혹은 아무 감각이 없어도 괜찮습니다.

그저 '여기 발가락이 있다'는 사실만 알아차립니다.

(2) 발바닥·발목

하루 종일 몸을 지탱한 발에게 고마움을 전하며 '이제 쉬어도 된다'고 마음속으로 말해줍니다.

(3) 종아리·무릎

걸음의 기억이 남아 있는 종아리 근육을 느껴보세요. 긴장이 있다면 숨을 내쉴 때마다 조금씩 풀어줍니다.

(4) 허벅지·엉덩이

몸의 큰 근육이 완전히 놓입니다. 마치 대지 위에 온몸을 내려놓는 듯한 안정감이 밀려옵니다.

(5) 허리·배

숨이 자연스럽게 드나드는 복부를 따라 마음이 움직입니다. 들숨마다 생명력이 들어오고, 날숨마다 피로가 빠져나갑니다.

(6) 가슴·등

가슴의 미세한 떨림, 심장의 맥박, 등뼈의 안정감을 느껴봅니다. 호흡이 이 부위를 스치며 마음을 부드럽게 감쌉니다.

(7) 어깨·팔·손

무게를 내려놓습니다. 손가락 끝까지 따뜻한 기운이 흘러가며, 손이 한 송이 꽃잎처럼 느껴집니다.

(8) 목·얼굴·머리

턱의 긴장을 풀고, 입 안을 부드럽게 엽니다. 눈꺼풀은 무겁고 따뜻하게 감기며, 이마의 주름이 사라집니다.
머리 전체가 마치 따뜻한 햇살 아래 녹는 듯 가벼워집니다.

의식이 몸 전체를 한 바퀴 돌면, 그대는 이미 깊은 고요 속에 들어와 있을 것이다.

호흡과 함께하는 심화 명상

이제 몸 전체를 하나의 생명체로 느끼며, 호흡이 전신을 드나드는 듯한 감각을 따라간다.

들이쉴 때 "숨이 온몸을 밝힌다."

내쉴 때 "숨이 몸의 고요 속으로 스며든다."

이렇게 마음속으로 속삭인다.

"생각이 떠올라도 괜찮다."

그것을 밀어내지 않고, 다만 알아차리고 다시 호흡으로 돌아온다.

이때 호흡은 얕고 부드러워진다. 숨이 쉬어지는지조차 모를 만큼 고요해지면, 몸과 마음은 점차 이완되면서 깊은 고요한 상태로 들어간다.

잠의 문으로 들어가기

이제 의식은 완전히 이완된 상태다.

어떤 노력도, 어떤 의도도 필요 없다.

깊은 잠은 억지로 오는 것이 아니라 몸과 마음이 깊이 이완될 때, 잠은 조용히 다가와 우리를 안아준다.

이때의 잠은 단순한 무의식이 아니라, 몸과 마음이 완전히 통합된 자연의 리듬 그 자체다.

몸스캔 명상은 단순히 숙면의 도구가 아니다. 그것은 자신에게 돌아가는 수행이다. 즉, 하루의 고단함 속에서 '지금 여기'의 몸과 마음을 있는 그대로 받아들이는 일이다.

성공적인 몸스캔 명상을 위한 팁

(1) 방황하는 마음은 자연스러운 현상

명상 중 의식이 다른 생각으로 흘러가는 것은 아주 자연스러운 일이다. 자신을 질책하지 말고, 그저 부드럽게 의식을 다시 현재의 몸으로 가져온다.

(2) 규칙적인 연습

처음부터 완벽할 필요는 없다. 꾸준히 연습하면 몸과 마음이 이완되는 감각에 익숙해져 숙면을 위한 훌륭한 습관이 될 것이다.

(3) 잠을 못 자는 이유에 대한 이해

카페인이나 환경 요인이 아니라면, 잠을 방해하는 가장 큰 원인은 대개 심리적인 긴장이다. 즉, 불안이나 걱정 또는 분노같은 감정이 쌓이면 몸이 굳어지고, 임맥이 막혀 기가 아래로 내려오지 못한다.

이럴 때에는 잠자리에 들기 전에 가벼운 체조나 스트레칭으로 몸을 풀어주고, 가슴과 배를 두드려 막힌 임맥을 풀어준다. 그 다음 잠자리에 들어가 몸스캔 명상을 한다면 쉽게 잠에 들 수 있다.

부록 4

용어 해설

기(氣)

기는 생명과 우주의 근원적 힘으로, 모든 존재의 움직임을 이끌어가는 보이지 않는 에너지이다. 몸속에서는 호흡과 혈류, 의식의 흐름으로 드러나며, 마음이 고요하면 기는 고르게 흐른다.

정·기·신(精氣神)

정은 생명의 근원적 물질, 기는 정이 움직이는 힘, 신은 그 힘을 지각하고 운용하는 정신이다. 정이 기로 변하고, 기가 신으로 승화하며, 신이 허공과 하나 될 때 수행은 완성된다.

삼단전(三丹田)

하단전은 배꼽 아래의 기의 저장소, 중단전은 가슴의 감정 중심, 상단전은 미간 뒤쪽의 의식과 통찰의 자리다. 수행은 이 세 단전을 조화롭게 가다듬는 과정이다.

단전호흡(丹田呼吸)

하단전을 중심으로 숨을 들이쉬고 내쉬며 기를 축적하는 복식호흡법이다. 억지로 조절하지 않고, 자연스럽게 이루어질 때 참된 단전호흡이 된다.

단전행공(丹田行功)

호흡과 함께 다양한 동작을 취해 기를 모으고 순환시키는 국선
도의 고유 수련법이다. 움직임·호흡·의식이 하나로 합쳐질 때, 기가
전신을 따라 흐른다.

이단호흡(二段呼吸)

들이쉬고 내쉬는 두 동작 사이에 '지식(止息)'이라 부르는 고요의
순간을 두어, 숨과 마음이 단전에서 합일되게 하는 호흡법이다.

전신조타법(全身調打法)

수련 전 몸의 관절과 근육을 부드럽게 풀어 기혈의 통로를 여는
준비운동이다. 몸이 풀리면 기가 막힘없이 흐르고 마음이 평온해
진다.

기체조법(氣體操法)

몸의 움직임을 통해 기의 흐름을 다스리는 체조법으로, 국선도의
기혈순환유통법에 해당한다. 근육의 힘이 아니라 기의 감각에 따
라 움직인다.

지식(止息)

호흡의 멈춤, 즉 들숨과 날숨 사이의 고요한 정지다. 이 순간 마
음이 단전과 합일되어 깊은 안정 상태에 든다.

소주천(小周天)

기운이 하단전에서 출발해 척추를 따라 백회까지 올라간 뒤, 앞쪽을 따라 다시 단전으로 돌아오는 순환을 뜻한다. 기의 순환이 원활할수록 마음이 맑아진다.

대주천(大周天)

소주천이 완성된 뒤 전신의 경락으로 기가 흐르는 단계이며, 이때 기와 의식이 전신으로 확장되어 하나가 된다.

연정화기(鍊精化氣)

생명의 근원인 정을 정제하여 기로 전환시키는 수행단계로, 탐욕과 번뇌가 맑은 생명력으로 바뀐다.

연기화신(鍊氣化神)

정제된 기를 더욱 단련하여 의식의 빛으로 변화시키는 단계다. 수행자는 이 과정에서 몸과 마음의 합일을 체험한다.

연신환허(鍊神還虛)

정신이 허공과 하나 되는 수행의 궁극단계로, 자아의 경계가 사라지고 자연의 도리와 합일한다.

성명쌍수(性命雙修)

마음의 본성(性)과 생명의 에너지(命)를 함께 닦는 수행이다. 마음과 몸을 함께 다스리는 '성명쌍수'는 선도와 불교의 융합적 길이다.

복식호흡(腹式呼吸)

숨을 들이쉴 때 아랫배가 부풀고, 내쉴 때 가라앉는 호흡으로, 하단전에 기를 모으는 가장 기본적인 수련이다.

자연호흡(自然呼吸)

호흡을 의식적으로 조절하지 않고, 자연스러운 리듬에 맡기는 호흡이다. 명상수련의 기본이 되는 호흡이다.

조식(調息)

숨결을 고르게 하고 안정시키는 행위로, 호흡의 장단과 세기를 다스려 마음을 안정시키는 것을 뜻한다.

경락(經絡)

인체의 기혈이 흐르는 통로로, 경맥과 락맥으로 구성된다. 경락의 흐름이 원활해야 건강이 유지된다.

임맥(任脈)

몸의 앞쪽 중앙선을 따라 흐르는 경락으로, 생명의 음적인 흐름을 담당한다.

독맥(督脈)

척추를 따라 위로 오르는 경락으로, 양적인 생명력을 관장한다. 임맥과 독맥의 순환이 조화를 이룰 때 기의 순환이 완성된다.

백회(百會)

머리의 정수리 부분으로, 기가 머리끝으로 모이는 자리다. 대주
천의 순환에서 중요한 관문이다.

용천(湧泉)

발바닥 중앙의 움푹 들어간 곳으로, 기가 땅으로부터 솟아나는
근원이다. 하단전과 더불어 기의 순환을 담당한다.

음양(陰陽)

모든 존재의 상호작용을 이루는 두 가지 기본 원리다. 음은 고요
하고 내적인 성질, 양은 밝고 외적인 성질을 나타낸다.

오행(五行)

목(木), 화(火), 토(土), 금(金), 수(水)의 다섯 원소로 이루어진 변화
의 순환법칙이다. 기의 운행과 신체의 조화에 적용된다.

무위(無爲)

인위적인 조작 없이 자연스러운 이치에 따르는 수행의 자세를 말
한다. 노력하되 억지로 하지 않는 것이 진정한 무위의 길이다.

무심(無心)

생각과 감정의 분별을 떠난 순수한 마음의 상태다. 무심은 수행
의 중심이며, 깨달음의 본바탕이다.

관법(觀法)

대상이나 마음의 현상을 있는 그대로 바라보는 수행이다. 관(觀)은 분별이 아닌 '지켜봄'이다.

마음챙김(念)

현재 순간의 몸과 마음을 판단 없이 알아차리는 마음의 작용이다. 명상과 기수련의 중심 개념이다.

통찰(慧)

마음과 세계의 실상을 꿰뚫어 보는 지혜이다. 수행이 깊어질수록 통찰은 자연히 드러난다.

선(禪)

마음이 본래의 고요함으로 돌아가는 길이다. 생각을 멈추고 본성을 비추는 상태를 의미한다.

삼매(三昧)

마음이 대상과 하나가 되어 흔들림이 없는 깊은 집중의 상태이다.

해탈(解脫)

모든 번뇌와 집착에서 벗어난 자유의 경지를 말한다.

지관쌍수(止觀雙修)

마음을 멈추는 수행(止)과 사물을 관찰하는 수행(觀)을 함께 닦는 것이다.

ATP(Adenosine Triphosphate)

세포가 사용하는 생화학적 에너지 단위로, 음식물을 분해해 최종적으로 ATP를 만들어 저장했다가 필요할 때 분해하여 공급한다.

메타인지(Metacognition)

자신의 인지·정서·주의·사고가 어떻게 일어나고 있는지를 한 걸음 물러서서 알아차리는 능력이다. 즉, 생각하는 것이 아니라, '생각이 일어나고 있음을 아는 것'이다.